특별한 영유아
모노그래프 시리즈 **10** 호

Early Intervention for Infants and Toddlers and Their Families:
Practices and Outcomes

조기중재의 실제와 성과

Carla A. Peterson · Lise Fox · Patricia M. Blasco 편저

김진희 · 김건희 공역

학지사

Early Intervention for Infants and Toddlers and Their Families:
Practices and Outcomes
by Carla A. Peterson, Lise Fox, and Patricia M. Blasco

원저 *Young Exceptional Children(YEC) Monograph Series*는 특수아동협회 유아교육분과[The Division for Early Childhood(DEC) of the Council for Exceptional Children(CEC)]의 출판물 중 하나로서 1999년부터 출간되기 시작하였습니다. '모노그래프'란 특정 주제에 관한 상세하고 실증적인 논문들을 모은 것이라고 할 수 있는데, YEC 모노그래프 시리즈는 장애가 있거나 발달이 지체된 아동, 영재 아동, 발달이 지체될 위험이 있는 아동, 학교생활에 어려움이 예상되는 아동 등 1~8세의 아동을 대상으로 일하는 교사, 유아교육(보육) 종사자, 행정가, 치료사, 가족 구성원 등을 위하여 기획되었습니다. 시리즈 각 호는 조기중재 및 유아특수교육 분야의 중요한 주제를 다루며 실제(practices)에 직접적인 도움이 되는 내용으로 구성되었습니다. 증거 기반(evidence-based)의 연구 결과를 전문가와 가족에게 효과적이고 유용한 전략으로 바꾸어 소개하는 것이 모노그래프 시리즈의 주요 목표 중 하나라고 할 수 있습니다. 따라서 시리즈에 수록된 글은 탄탄한 이론이나 연구 기반을 갖고 있으며, 또한 광범위한 독자층을 고려하여 읽기 쉽게 쓰여 있습니다.

YEC 모노그래프 각 시리즈에서 다루는 주제는 도전적 행동에 대처하는 실제적 아이디어(1호), 자연적 환경과 통합(2호), 유아의 발달을 지원하는 교수 전략(3호), 의미 있는 정보를 수집하는 진단평가(4호), 가족 기반의 실제(5호), 학제간 팀들(6호), 초기 문식성 발달 지원(7호), 사회 · 정서 발달 지원(8호), 교육과정과 영유아 및 가족의 성과(9호), 조기중재의 실제와 성과(10호)입니다.

역자들은 Young Exceptional Children을 '특수유아'가 아닌 '특별한 영유아'라고 번역하였는데, 그 이유는 '특수유아'라는 표현이 혹여 유아들을 동질집단화하지 않을까 하는 우려 때문이었습니다. 그래서 서로 다른 발달을 보이는 개별 영유아에게 초점을 맞추는 의미에서 '특별한 영유아'로 번역하였음을 밝힙니다.

특별한 영유아 모노그래프 시리즈의 번역은 여러 사람의 노력과 지원이 없었으면 불가능하였습니다. 번역 계획은 2006년 가을 미국 아칸소(Arkansas) 주 리틀록(Little Rock)에서 열린 DEC 콘퍼런스에서 시작되었습니다. 당시 DEC 다문화 활동위원회(Multicultural Activities Committee)의 위원장으로 활동하고 있던 브래들리 대학교 이화(Hwa Lee) 교수의 적극적인 추천과 지원으로 모노그래프 시리즈를 한국어로 번역 출간하는 것에 대해 DEC 회장단으로부터 매우 긍정적인 답변을 들었습니다. 그러나 DEC의 출판물을 외국에서 번역 출판하는 작업이 전무하였던 관계로 실제 계약까지의 진행은 매우 더디게 이루어졌습니다. 하지만 그 시간 동안 포기하지 않고 역자들을 믿어 준 분들께 감사 드립니다. 특히 계속 관심을 가지고 국내에서 번역 출간되도록 적극적인 지원을 아끼지 않은 이화 교수님께 감사의 말씀을 드립니다. 한국에서의 출간을 지지하고 신뢰해 준 DEC 회장단을 비롯한 관계자들에게도 감사의 마음을 전합니다. 또한 이 책이 나오도록 애써 주신 학지사의 김진환 사장님과 직원 여러분께 감사드리며, 마지막으로 언제나 든든하게 힘이 되어 주는 사랑하는 가족에게 고마움을 전합니다.

2014년
역자 일동

특별한 영유아 모노그래프 시리즈 제10호가 출간되었습니다. 이번 호에서는 특히 영아와 영아의 가족을 중점적으로 다루었습니다. 제10호에 실린 논문들은 추천 실제와 증거 기반의 연구 및 실제에 관한 최근 지식을 다루었으며 현장 전문가, 가족, 학생 등이 조기중재 서비스를 이해할 수 있도록 구성되었습니다.

조기중재 서비스가 시작된 지 20년 이상이 흘렀으며, 현재 이 서비스는 다양한 환경에서 다양한 전문 인력에 의해 제공되고 있습니다. 그런데 미국 특수아동협회 유아교육 분과의 『조기중재 및 유아 특수교육에서의 추천 실제(*DEC Recommended Practices in Early Intervention/Early Childhood Special Education*)』(Sandall, Hemmeter, Smith, & McLean, 2005)에 따르면, 다양한 환경 간에 공유되어야 할 공통적인 특성들이 필요합니다. 이러한 특성들이 바로 10호에 실린 여러 논문에서 구체적으로 다루어집니다. 또한 다양한 학문영역에서 유아와 가족에게 서비스를 제공하는 전문 인력 양성의 중요성도 논의될 것입니다. 예를 들어, 가족구성원과 서비스 제공자의 파트너십 확립, 가족과의 신뢰관계 형성을 위한 전문가의 주요 역할, 가족 존중의 의사소통 방법을 위하여 문화적으로 민감한 접근 등이 많은 논문에서 강조됩니다. 아울러 아동의 학습기회 및 조기중재 서비스의 효과를 최대화하기 위하여 자연적 환경에서 중재 서비스를 제공하는 것의 중요성도 강조됩니다. 추가로, 특수아동 협회 유아교육 분과에서 발표한 성명서 "사회적 · 정서적 · 신체적 · 인지적 장애 예방 및 건강 · 안전 · 웰빙 증진"을 제공하니, 이를 복사하여 동료들과 공유하길 바랍니다.

Hebbeler와 동료들은 첫 번째 논문에서 전국에 있는 조기중재 서비스의 개요를 제공합니다. 조기중재 종단연구(National Early Intervention Longitudinal Study: NEILS)로부터 정보를 얻어, 연구자들은 전국에 걸친 조기중재 서비스의 범위, 서비스 제공 전문가, 아동과 가족이 참여하는 환경의 범위 등을 알려 줍니다. 이 논문을 통해, 독자는 가족들이 받는 서비스의 공통 요소뿐 아니라 개별 가족에 따라 받는 서비스의 다양성에 관해서도 알게 됩니다. 또한 효과적인 조기중재 서비스를 개발하는 데 어려움으로 작용하는 몇 가지 이슈를 알려 줍니다.

가족은 거의 언제나 아동의 발달 문제로 인해 조기중재 서비스의 문을 두드립니다. 이는 여러 전문가로부터 아동이 평가를 받은 이후, 그리고 어떤 유형의 의학적 진단을 받은 이후가 됩니다. 이 시점에서 대부분의 가족은 매우 상처받기 쉬운 상태인데다가, 전문가는 가족에게 아동에 관한 실망스러운 평가 결과와 저조한 발달에 대하여 정보를 제공해야만 하는 처지에 놓입니다. Applequist와 동료들은 이 시점에 매우 유용한 아이디어를 제공합니다. 전문가가 가족과 명확하게 의사소통하면서 적절한 지원을 제공하는 데 도움이 되는 실제적인 아이디어를 알려 줍니다.

효과적인 중재는 정확하고 시의적절하며 유용한 진단평가 정보에 좌우됩니다. Ostrosky와 동료는 전문가가 영아 대상의 진단평가 포트폴리오를 유용하게 사용하는 데 도움이 되는 창의적인 제안을 제시합니다. 원래 포트폴리오는 3세 이상 유치원 학급에서 주로 사용되지만, 이 논문에서는 영아에게 성공적으로 적용되는 방법, 가족이 영아의 포트폴리오에 기여하는 방법, 그리고 포트폴리오가 중재를 계획하고 실시하는 데 사용되는 방법 등을 소개합니다.

다음 두 논문에서는 가정방문 중재의 효과를 극대화할 수 있는 지침을 제공합니다. 조기중재 종단연구(NEILS) 자료에 의하면, 조기중재 대상 가족 대부분이 가정방문을 통해 일부 서비스를 받고 있습니다. 그런데 많은 전문가들은 대학에서 가정방문 서비스에 관한 훈련을 거의 받지 못했습니다. Hughes와 Peterson은 가정방문 활동에 부모와 아동 모두 참여하는 것이 중요함을 강조하면서, 활동의 목적을 설명하고 부모가 새로운 상호작용 전략을 시도할 때 지원 및 강화를 제공하는 방법에 대해서도 설명합니다. 삼자 상호작용 전략을 사용함으로써 부모는 자녀의 학습기회를 극대화하는 데 필요한 역량과 자신감을 기를 수 있을 뿐 아니라 자녀와의 상호작용을 더욱 즐길 수 있게 됩니다. 이와 같은 전략은 가정방문 중재의 지침이 되는 변화의 이론을 명확하게 설명하고 있습니다. Chen과 Klein은 중복장애를 가진 아동을 기르는 가족과 협력할 때 유용하게 사용되는 실제적인 전략을 제공함으로써 가정방문 중재에 대한 논의를 확장하였습니다.

Hughes와 동료는 가정방문에서 사용되는 전략과 유사한 전략을 다른 환경에서 사용하는 방법을 설명합니다. 다른 환경이란 통합놀이집단으로서 환경은 다르지만 목적은 유사합니다. 부모가 자녀의 발달을 좀 더 이해하고, 비계학습에서 부모 역할의 중요성을 인식하며, 자녀와의 상호작용에서 즐거움을 느낄 수 있도록 중재자가 사용할 수 있는 전략을 제안합니다.

마지막 두 논문은 구체적인 영역에서 아동의 발달을 촉진하기 위해 중재자와 가족이 사용할 수 있는 전략에 초점을 둡니다. Blasco는 아동의 사회적 숙달동기를 인식하고 지원하는 것의 중요성을 강조하며 이를 위해 사용된 전략을 묘사하는 사례를 소개합니다. Walker와 동료는 유아의 언어학습기회를 넓히고 의사소통 기술을 증진시키기 위해 여러 환경에서 여러 명의 성인이 사용할 수 있는 전략을 상세하게 설명합니다.

모노그래프 시리즈 제10호의 마지막 장에서는 Anne Brager와 Camille Catlett이 적절한 자원을 소개합니다. 이들이 제시하는 정보는 영아와 가족에게 제공하는 중재의 성과를 측정하는 데 유용하게 사용될 다양한 자료를 포함하였습니다.

◆ 이 책에 기여해 주신 분들

Harriet Able Boone, University of North Carolina at Chapel Hill

Becky Adelman, Oregon Health Sciences University

David Allen, Portland State University

Ann Bingham, University of Nevada-Reno

Virginia Buyssee, University of North Carolina at Chapel Hill

Deborah Chen, California State University, Northridge

Nitasha Clark, Vanderbilt University

Shelley Clarke, University of South Florida

Laurie Dinnerbeil, University of Toledo

Paddy Favazza, Rhode Island College

Janice Fialka, Early On Training and Technical Assistance(Part C),
    Huntington Woods, MI

Ann Garfinkle, University of Montana-Missoula

Marci Hanson, San Francisco State University

Cheryl Hitchcock, Tennessee Technological University

Kere Hughes, Iowa State University

LeeAnn Jung, University of Kentucky

Cecile Komara, University of Alabama

Marisa Macy, Pennsylvania State University

Chris Marvin, University of Nebraska-Lincoln

Rebecca McCathren, University of Missouri

Andrea Morris, University of Illinois

Leslie Munson, Portland State University

Lisa Naig, Iowa State University

Missy Olive, Center for Autism and Related Disorders, Austin, TX

Diane Powell, University of South Florida

Beth Rous, University of Kentucky

Susan Sandall, University of Washington

Tamara Sewell, Adelphi University

Patricia Snyder, University of Florida

Vicki Turbiville, Dripping Springs, TX

Bobbie Vaughn, University of South Florida

Dale Walker, University of Kansas

참고문헌

Sandall, S., Hemmeter, M. L., Smith, B. S., & McLean, M. (2005). *DEC recommended practices: A comprehensive guide.* Longmont, CO: Sopris West.

＊공동 편저자: Carla A. Peterson(carlapet@iastate.edu)
 Lise Fox(fox@fhmi.usf.edu)
 Patricia M. Blasco(blascop@ohsu.edu)

차 · 례

특수아동협회
유아교육 분과(DEC) 성명서

사회적 · 정서적 · 신체적 · 인지적 장애 예방 및
건강 · 안전 · 웰빙 증진

　특수아동협회 유아교육 분과(DEC)는 사회적 · 정서적 · 신체적 · 인지적 장애를 예방하고 건강 · 안전 · 웰빙을 증진시키기 위한 지역, 주정부, 연방정부 차원의 계획을 지원한다. 이는 장애를 가진 아동이 불필요한 이차적 장애를 습득하지 않도록 하거나 일차적 장애가 악화되지 않도록 노력하는 것을 포함한다.

　유아기는 평생 건강과 발달의 기초가 되는 것으로 연구에서 밝혀졌다. 예방에 투자하는 것이 비용 면에서 더 효과적이라는 사실과 서비스가 자연적 환경에서 제공되고 적절한 지역사회 중심의 체계, 서비스, 인적 자원 간의 협력이 잘 이루어져야 한다는 것은 우리가 잘 알고 있는 내용이다.

　유아에게 위험요소가 되는 생물학적 · 환경적 요인에 대처하는 방책의 예는 다음과 같다.

1. 모든 임산부와 가족을 위한 산전 건강관리 서비스
2. 의학적 가정(medical home)*의 개념으로서 모든 아동에게 반드시 제공되어야 하는 서비스. 유아가 잘 자라고 있는지 점검하는 일상적 점검을 포함한 조기의 정기적인 선별, 진단, 치료와 안전한 예방접종
3. 문화적으로 반응하는 가족교육 및 부모교육과 위험요인을 가진 가족(예: 10대 및 고위험군 사람들)을 위한 지원 프로그램
4. 유아기의 위험요소(예: 학대/방임, 물질남용, 빈곤, 납중독, 폭력)가 되는 사회적·환경적 요인들을 감소시키고 아동이 이러한 환경에서도 잘 자랄 수 있는 능력을 키우는 조기중재 및 기타 프로그램
5. 유아의 발달과 학습을 촉진하기 위해 질 높은 조기경험을 제공하는 환경으로서 아동이 안전하고 건강하게 보살핌을 받을 수 있으며 합리적 비용의 질적인 보육 환경

따라서 DEC는 증거 기반의 실제와 실증적 연구를 통해 확인된 프로그램, 정책, 실제의 발전을 지원한다. DEC는 예방과 중재에 실제적인 관심과 방책이 반드시 있어야 한다고 믿는다. 예를 들면 다음과 같다.

1. 출생 전 시기에 장애 유발 상태를 완화하거나 개선할 수 있는 교육적·행동적·의학적·환경적 중재를 개발하고 평가하는

연구

2. 발달적 · 개별적으로 적절하고, 가족중심적이며 통합적인 실제
(장애 또는 장애 위험을 예방하거나 장애의 강도를 감소시키고 이차
적 장애를 예방하는 데 필수적인 실제)

3. 문화적으로 반응하고 가족중심적이며 모든 지역에서 자격을
갖춘 전문가와 보조 인력에 의해 제공되는 서비스 체계

4. 아동의 건강 및 웰빙에 관하여 가족이 전문가와 동등하게 협력
하는 의사결정권자가 되도록 지원

5. 특별한 요구를 가진 유아를 대상으로 안전하고 건강한 학습환
경에서 서비스를 제공하기 위하여, 정보에 근거하고 연구에 기
반하며 전액 지원을 받아 효과적으로 실시되는 공적 규제 및
정책을 지지

6. 증거 기반의 지식과 실증적 연구정보를 실제로 옮겨 유아와 가
족에게 더욱 질 높은 서비스를 제공하게 하는 정보를 배포

   * 의학적 가정(medical home)이란 건물, 집, 병원이 아니라 양질의 비용효
   과가 큰 건강관리 서비스를 제공하는 접근임.

참고문헌 💡

American Academy of Pediatrics. (2005, November). Public statement:
    Care coordination in the medical home: Integrating health and
    related systems of care for children with special health care
    needs. *Pediatrics, 116*(5), 1238-1244.
American Academy of Pediatrics. (2001, July). Public statement:
    Developmental surveillance and screening of infants and young

children. *Pediatrics, 108*(1), 192-195.

Association for Retarded Citizens and American Association of Mental Retardation. (2002, November). *Position statement: Early intervention*. Retrieved March 4, 2006, from http://www.thearc.org/posits/earlyintpos.doc

National Association for the Education of Young Children. (1996). *Prevention of child abuse in early childhood programs and the responsibilities of early childhood professionals to prevent child abuse*. Retrieved March 4, 2006, from http://www.naeyc.org/about/positions/pschab98.asp

Sandall, S., McLean, M. E., & Smith, B. J. (2000). *DEC recommended practices in early intervention/Early childhood special education*. Longmont, CO: Sopris West.

Zero to Three Policy Center (2004, May 18). Promoting healthy social and emotional development. Retrieved March 4, 2006, from http://www.zerotothree.org/policy/factsheets/IMHstate.pdf

Part C 조기중재 서비스 특성의 전국적 고찰

Kathleen Hebbeler, Ph.D.
Donna Spiker, Ph.D.
Kathryn Morrison, MSPT
SRI international, Menlo Park, CA

「장애인교육법(Individuals with Disabilities Education Act: IDEA)」 Part C에 의해 제공되는 조기중재는, 발달에 어려움이 있거나 지체되거나 장애가 있는 0~36개월 영유아를 대상으로 예방과 교정을 목적으로 실시되는 다양한 프로그램을 아우른다(Guralnick, 2005a; Spiker & Hebbeler, 1999). 조기중재 프로그램에서 제공되는 서비스는 영유아와 가족의 요구에 따라 개별화되어야 하므로 제공되는 서비스의 유형, 장소, 양 또한 다양할 것이다. 조기중재 서비스는 다양한 영역, 즉 유아특수교육, 발달 및 임상 심리, 언어병리 및 의사소통 장애, 물리 · 작업치료, 아동정신의학, 사회복지, 간호 등의 전문 인력 및 보조 인력에 의해 제공된다. 서비스는 여러 유형의 장소, 예컨대 가정, 병원, 조기중재 센터, 유치원 등에서 제공된다.

IDEA Part C는 조기중재 체계의 최소한 기본적인 요소만을 제시하면서, 각 주의 재량으로 서비스 대상을 정확하게 결정할 것과 서비스 전달 체계를 어떻게 구성할 것인지에 대해 결정하도록 한다 (Gallagher, Harbin, Eckland, & Clifford, 1994; Garwood & Sheehan, 1989; Johnson et al., 1994). 각 주에 따른 융통성이 허용되어 있으므로 주에 따라 조기중재 서비스의 양상이 매우 다양한 것은 전혀 놀라운 일이 아니다. 서비스의 대상이나 서비스 제공기관이 다양하며, 지역사회에서 다른 기관과 협력하는 방법 또한 매우 다양하다 (Spiker, Hebbeler, Wagner, Cameto, & McKenna, 2000). 연방법에 따르면, 조기중재 프로그램에서 제공하는 서비스는 열여섯 가지로

〈표 1〉 IDEA의 조기중재 서비스

보조공학
청각학
가족훈련, 상담, 가정방문
건강 서비스
진단 또는 평가 목적의 의료 서비스
간호 서비스
영양 서비스
작업치료
물리치료
심리 서비스
서비스 조정 서비스
사회복지 서비스
특별교수
언어병리
교통 및 관련 비용
시력 서비스
NEILS 자료수집 방법

명시되어 있다(〈표 1〉). 그러나 이러한 서비스는 주에 따라 다양한 공립 또는 사립기관에서 제공된다(Spiker et al.).

　조기중재 종단연구(National Early Intervention Longitudinal Study: NEILS)는 조기중재를 받는 영유아와 가족을 전국적으로 대표 표집하여 조기중재 수혜자의 특성, 그들이 받는 서비스, 그들이 성취한 결과 등을 추적하였다. NEILS 데이터세트는 영유아와 가족이 현재 이용하는 조기중재에 관한 가장 종합적인 정보를 제공한다. 그런데, NEILS 결과로 조기중재 서비스의 전형적인 특성이 어떤 것인지 설명하기란 쉽지 않다. 그럼에도 불구하고, 이 글에서는 NEILS 자료를 이용하여 현재 미국에서 실시되는 조기중재 서비스의 특성에 관한 정보를 제시하고자 한다.

NEILS 자료수집 방법

　조기중재 종단연구(NEILS)는 0~3세 영유아 3,368명과 그 가족을 전국적으로 대표 표집하여 이들이 조기중재 서비스를 받기 시작한 시기부터 유치원(kindergarten) 시기까지 추적하였다. 가족들은 1997년 9월부터 1998년 11월 사이에 처음으로 조기중재 서비스를 시작하였다. 가족들은 20개 주 93개 지역(county)에 있는 조기중재 프로그램에서 모집되었다. 개별화 가족 서비스 계획(Individualized Family Service Plan)을 개발하는 시점에 지역 프로그램 제공자들이 조기중재 종단연구에 대해 가족들에게 설명하였다. 연구 대상기준 (31개월 이하 영유아와 영어 또는 스페인 어를 사용하는 가정의 성인)을 충족하는 모든 가족에게 연구 참여를 요청하였다. 4,653가족이 프로그램 참여를 요청받았고, 이들 중 3,338가족(72%)이 참여에 동의하였다. NEILS는 영유아와 가족이 현재 이용하는 조기중재 관련하여 가장 종합적인 정보를 제공한다.

각 영유아가 연구에 등록될 때 그 영유아에 대해 잘 아는 제공자, 즉 영유아가 받고 있는 서비스에 대한 정보를 가장 많이 알고 있는 사람을 확인하였다. 이 제공자에게 '서비스 기록'이라는 질문지를 6개월마다 발송하였는데, 영유아가 조기중재 서비스를 받는 동안 지속적으로 보냈다. 이 글에서 공유하는 정보는 바로 조기중재 서비스 제공자들로부터 받은 첫 번째 서비스 기록에 근거한다. 이 정보는 가족이 서비스를 받은 첫 6개월을 나타낸다고 할 수 있다.

조기중재 서비스의 특성

영유아와 가족에게 제공하는 서비스의 어떠한 특성이 효과적인 결과에 가장 중요한 영향을 미치는지에 대하여 더 많은 연구가 이루어질 필요가 있다. 그렇기는 하나, 장애인교육법과 추천 실제에서는 조기중재의 몇 가지 특성을 강조하고 있다. 예컨대, IDEA는 조기중재 서비스가 비장애 아동들이 시간을 보내는 가정과 지역사회 환경과 같은 '자연적 환경'에서 제공되어야 함을 강하게 권장하고 있다. 또한 IDEA에서는 자격을 갖춘 서비스 제공자의 중요성을 인식하고 있다. 최적의 조기중재 서비스를 구성하는 것이 무엇인가를 결정하는 것은 쉽지 않은데, 개별 유아와 가족에게 가장 우수한 성과를 가져오는 것은 서비스의 단일 특성이라기보다 여러 요소의 복합체일 것이다. 현재 우리가 알고 있는 조기중재 서비스의 여러 특성들의 다양한 조합이 가능하다.

이 글에서는 조기중재 서비스의 일곱 가지 특성에 관한 정보를 제공한다. 일곱 가지 특성이란 ① 환경, ② 서비스의 개수 및 유형, ③ 서비스 제공자의 유형, ④ 계획된 서비스와 놓친 서비스의 양, ⑤ 서비스의 초점, ⑥ 서비스에 참여하는 다른 아동의 수, ⑦ 서비스 제공자 간의 협의다.

환경

지난 6개월 동안 아동이 어디에서 서비스를 받았는지에 대해 서비스 제공자들에게 기록하게 하였다. 환경의 예를 들면, 가정, 보육시설 또는 유치원, 기관중심의 조기중재 프로그램, 치료실 또는 병원(예: 병원에 있는 치료실 또는 치료사 사무실), 그 외 환경(예: 병원 입원환자 서비스) 등이다. 지난 6개월 동안 가장 많이 나타난 환경은 가정으로, 10명 중 8명의 유아와 가족이 가정에서 서비스를 받은 것으로 나타났다([그림 1]). 10명 중 약 3명이 기관과 치료실에서 서비스를 받았으며, 10명 중 약 1명이 유치원이나 보육시설에서 서비스를 받았다.

과반 이상의 유아와 가족이 한 환경에서 서비스를 받았으나(57%), 1/3은 두 환경에서 서비스를 받았고(33%), 약 1/10은 세 가지 이상의 환경에서 서비스를 받았다(8%). 서비스 환경의 다양한 조합이 파악되었다. 가장 흔한 환경은 단일 환경인데, 41%의 유아와 가족이

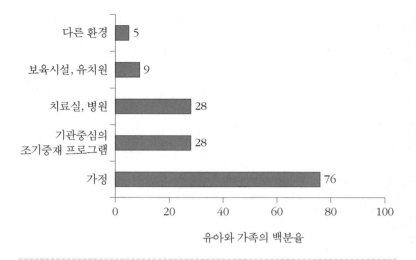

[그림 1] 각 환경에서 조기중재 서비스를 받는 유아와 가족의 백분율(n=2,820)

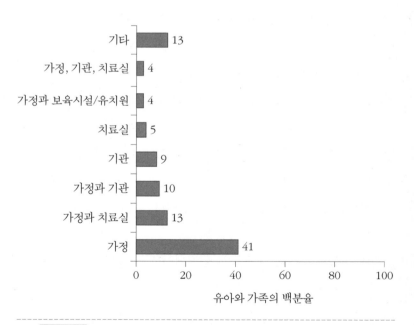

[그림 2] 유아와 가족이 서비스를 받는 환경 조합의 백분율(n=2,820)

가정에서만 서비스를 받고 있었다([그림 2]). 그 외 단일 환경 또는 중복 환경은 훨씬 적은 수의 유아와 가족에게 적용되었다.

서비스의 개수와 유형

IDEA에서는 조기중재 서비스의 열여섯 가지 유형을 제시하고 있으나, 조기중재 종단연구(NEILS)의 결과에 따르면 실제로 조기중재의 핵심은 여섯 가지 서비스로 구성된다. 1/3보다 많은 유아가 여섯 가지 핵심 서비스 중 한 가지를 받았으며([그림 3]), 이보다 훨씬 낮은 비율의 유아와 가족이 다른 서비스를 받았다. 조기중재 프로그램에 들어와서 첫 6개월 동안 유아와 가족이 가장 많이 받은 서비스는 서

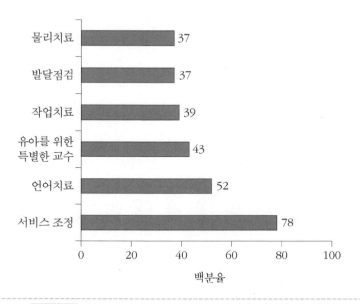

[그림 3] 유아와 가족에게 가장 많이 제공된 조기중재 서비스

비스 조정(service coordination)이었는데, 대략 10명 중 8명꼴로 유아와 가족이 이 서비스를 받은 것으로 보고되었다. IDEA는 조기중재를 받는 모든 유아와 가족에게 서비스 조정이 제공되어야 한다고 규정하고 있다. 그런데 그 비율이 100%가 되지 않는 것이 오히려 놀랍다. 이와 같은 결과에 대한 가능한 해석으로, 어떤 가족은 서비스 조정을 거부하였거나 서비스 조정자 역할을 가족이 맡은 경우도 있을 것이고, 유아와 가족이 서비스 조정을 받았으나 서비스 제공자가 이를 제대로 보고하지 않았을 수도 있다.

두 번째로 높은 빈도를 보인 서비스는 언어치료였는데, 절반 이상의 유아들에게 제공되었다(52%). 그 외에 많이 제공된 서비스는 특별한 교수(special instruction), 작업치료, 발달점검, 물리치료이었

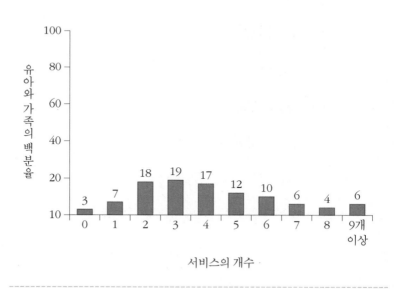

[그림 4] 조기중재 프로그램 등록 이후 첫 6개월 동안 제공된 서비스의 개수
(n=2,820)

26

는데, 각 서비스는 10명 중 약 4명의 유아에게 제공되었다. 기타 조기중재 서비스로서 가족훈련, 사회복지, 영양 서비스, 간호 서비스 등은 1/5보다 적은 유아에게 제공되었다. 유전상담, 정신건강 상담, 보조공학과 같은 특수한 서비스, 건강관련 서비스, 진단 서비스는 5% 미만의 유아와 가족에게 제공되었다.

서비스 제공자들의 보고에 따르면, 조기중재 프로그램에 들어온 이후 첫 6개월 동안 28%의 유아 및 가족이 두 가지 유형 이하의 조기중재 서비스를 받았으며, 72%가 세 가지 유형 이상의 서비스를 받은 것으로 나타났다([그림 4]). 약 25%의 유아 및 가족이 여섯 가지 이상의 서비스를 받았다. 매우 낮은 비율(3%)의 가족은 조기중재 프로그램에 등록한 후 첫 6개월 동안 아무 서비스도 받지 못했다고 보고하였다.

서비스 제공자의 유형

조기중재를 제공하는 전문가들은 가장 많이 제공되는 서비스의 유형과 아주 유사하다. 조기중재 첫 6개월 동안 약 63%의 가족이 서비스 조정자와 함께 일했다고 보고하였다([그림 5]). 이러한 비율은 서비스 조정을 받았다고 보고한 가족이 78%인 것에 비해 낮은 수치이나, 이는 정보를 수집하는 방식에 대한 응답자의 인식에서 비롯된 차이일 수 있다. 이 자료를 수집하는 데 사용된 양식은 서비스 기록(Service Record)인데, 다양한 환경(예: 가정, 기관)으로 구성되었으며 각 환경에 대한 일련의 질문으로 정리된 것이다. 질문의 예를 하나 들면, 응답자에게 한 환경에서 서비스를 제공하는 전문가를 한

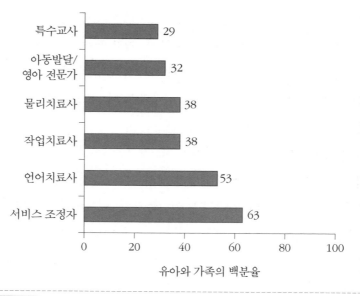

특수교사 29
아동발달/
영아 전문가 32
물리치료사 38
작업치료사 38
언어치료사 53
서비스 조정자 63

유아와 가족의 백분율

[그림 5] 조기중재 전문가(28% 이상의 가족과 일한 경험이 있는 전문가 포함)의 서
비스를 받는 유아 및 가족의 백분율

명 표기하게 하는 것이다. 서비스 조정은 치료 서비스나 아동발달
서비스가 제공되는 방식과는 다르게 제공될 수 있다. 서비스 조정과
관련된 활동은 전화상으로나 사무실에서 이루어질 수 있다. 또한 물
리치료사와 같은 다른 전문가가 서비스 조정자 역할을 수행할 수 있
지만, 응답자는 물리치료사가 두 가지 역할을 수행한다고 인식하기
보다 한 가지 역할만을 수행하는 것으로 오해하고 응답하였을 가능
성이 있다.

절반 이상(53%)의 가족이 언어치료사와 일한 것으로 나타났다.
그 외에 공통적인 서비스 제공자는 작업치료사와 물리치료사(38%의
가족이 각 치료사와 일하였음), 아동발달 전문가(32%), 특수교사(29%)

28

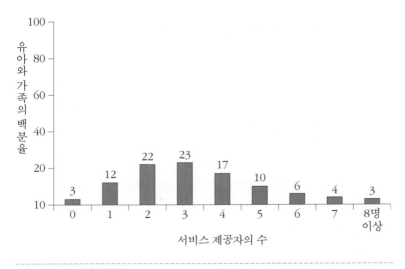

[그림 6] 유아 및 가족과 일한 서비스 제공자의 수

였다. 아동발달/영아 전문가와 특수교사는 지역에 따라 다른 명칭으로 불리지만, 유사한 역할을 수행하는 것으로 나타난다. 왜냐하면, 두 전문가 모두와 일하였다고 보고한 가족은 없었기 때문이다. 서비스 유형에 대한 결과와 유사하게, 매우 적은 수의 가족과 일한 기타 전문가가 다수 있었다. 조기중재 첫 6개월 동안 가족과 일한 서비스 제공자 수는 한 가족당 3명 수준이었다. 한 가족과 일한 전문가의 수는 0명에서 13명에 걸쳐 있으며 약 1/4의 가족은 5명 이상의 전문가와 일한 것으로 나타났다([그림 6]). 매우 적은 수의 가족은 전문가의 서비스를 전혀 받지 않았는데, 이들은 개별화 가족 서비스 계획 개발 이후 어떠한 서비스도 받지 않았기 때문이다.

계획된 서비스 시간과 놓친 서비스 시간

가족이 받기로 계획된 서비스 시간은 잠정적으로 중요한 요소이다. 왜냐하면, 유아와 가족에게 서비스가 미치는 영향과 관련 있으며 또한 프로그램에 직접적인 영향을 미치는 비용과 관련 있기 때문이다. 서비스 시간과 성취 결과 간의 관계는 더 많은 연구가 필요한 부분이다(National Research Council and Institute of Medicine, 2000). 서비스 시간의 범위를 양극단으로 본다면, 아래로는 조기중재의 효과가 발생할 수 없을 정도의 서비스 양이며, 위로는 유아의 발달과 기능수준에 중요한 영향을 추가적으로 미치지 않으면서 오히려 가족의 삶에 방해가 될 정도의 서비스 양이 될 것이다. 지나치게 많은 서비스 시간은 한 주 동안 상당한 시간을 조기중재에 매달린다는 것을 의미하며, 이는 가족이 일상적인 일과를 수행하는 데 부정적인 영향을 미칠 수 있다.

조기중재에서 첫 6개월 동안 가족에게 계획된 서비스 시간은 유아 및 가족에게 각 환경별로 계획된 서비스 시간을 수집하고 이를 합산하여 총 시간을 계산하였다. 수집된 모든 데이터는 한 주당 몇 분인지 계산되었다. 각 환경에서 평균치(mean)는 중앙치(median) 보다 상당히 높았는데, 이는 일부 아동이 다른 이들보다 훨씬 더 많은 서비스를 받은 것으로 여겨지며 이들이 전체 평균을 높인 것으로 보인다. 이러한 자료에서는 중앙치가 평균치보다 의미 있는 수치일 수 있다. 왜냐하면 중앙치는 대부분의 아동에게 계획된 서비스 시간에 가장 근접하는 수치를 반영하기 때문이다.

제공되는 서비스 시간은 환경에 따라 상당히 다양하게 나타났다

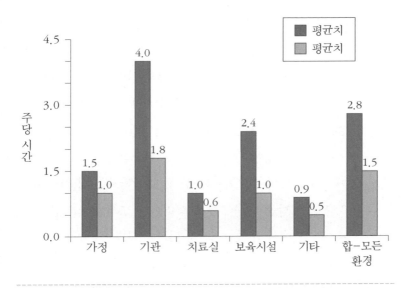

[그림 7] 환경별 서비스 시간의 평균치와 중앙치(n=2,697)

([그림 7]). 전체 환경을 통틀어 제공되는 서비스 시간의 중앙치는 한 주당 1.5시간이었다. 네 가족 중 세 가족꼴로 서비스를 받는 장소는 가정이었는데, 가정에서의 서비스 시간 중앙치는 한 주당 1시간, 네 가족 가운데 한 가족 꼴로 서비스를 받는 특수기관에서의 서비스 시간 중앙치는 한 주당 1.8시간, 네 가족 가운데 한 가족꼴로 서비스를 받는 치료실 또는 사무실에서의 서비스 시간 중앙치는 한 주당 0.6 시간이었다. 보육시설이나 기타 환경에서의 서비스 시간 중앙치는 각각 한 주당 1.5시간으로 나타났다.

앞서 설명하였듯이, 평균치와 중앙치의 차이는 각 가족이 받는 서비스 시간의 다양성을 가리킨다. 이와 같은 다양성으로 인해 환경에 따라 서로 다른 패턴이 나타났다. 가정에서 서비스를 받는 가족 중

1/4은 한 주당 30분 이하의 서비스가 계획되어 있었고, 83%의 가족은 2시간 이하의 서비스를 받는 것으로 계획되었다. 이와 정반대로 5%의 가족은 가정에서 한 주에 4시간 이상의 서비스를 받는 것으로 계획되어 있었다. 기관중심의 프로그램에서 제공되는 서비스 시간의 다양성은 프로그램 모형의 차이를 반영한다. 대부분의 가족(59%)은 기관에서 한 주에 2시간 이하의 서비스를 받는 것으로 계획되었다. 이는 부모가 치료 또는 특별한 중재를 받기 위해 직접 유아를 데리고 기관을 방문하는 모형을 의미한다. 1/4보다 약간 많은 (27%) 가족은 기관에서 한 주에 4시간 이상의 서비스를 받는 것으로 계획되어 있었다. 이와 같은 프로그램은 집단 서비스, 예컨대 매일 오전에 유아가 참여하는 유치원 프로그램과 같은 집단 서비스를 제공하는 곳일 수 있다.

치료실 중심의 서비스 시간 계획은 다른 유형에 비해 차이가 적은 편이었다. 가장 높은 비율의 가족(47%)이 치료실에서 일주일에 30분 이하의 서비스를 받는 것으로 계획되었고, 38%의 가족은 31분에서 2시간 사이의 서비스를 받는 것으로 계획되어 있었다.

이러한 결과를 볼 때, 치료실 중심의 서비스는 주 1회보다 적게 제공되는 형식으로 이루어졌음을 추측할 수 있다. 예를 들어, 일주일에 30분 이내로 서비스를 받는 것으로 보이는 유아는 아마도 격주 단위로 50분씩 서비스를 받은 것일 수도 있다.

한 주에 받는 총 서비스 시간의 백분율 분포에 의하면, 대부분의 가족이 한 주에 2시간 이하의 서비스를 받는 것으로 계획되었고, 가장 흔한 형태는 일주일에 1~2시간이었다([그림 8]). 그래프의 양극단을 보면 13%의 가족은 한 주에 30분 이하이며, 9%의 가족은 일주

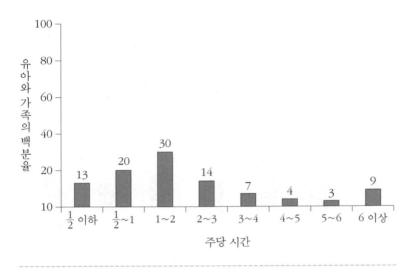

[그림 8] 모든 환경에서 계획된 총 서비스 시간(n=2,697)

일에 6시간 이상이었다.

유아와 가족이 받기로 계획된 서비스의 시간을 제시된 자료에서 확인할 수 있다. 그런데 많은 가족이 계획된 서비스를 모두 받지는 않는다. 응답자들에게 지난 6개월 동안 각 환경에서 계획된 서비스 중 놓친 서비스의 백분율을 물었다. 이 문항에서 손실 데이터가 특이하게도 높았으므로(36%의 유아 및 가족이 이 문항에 답하지 않았음), 놓친 서비스 시간에 대한 정보는 신중하게 해석되어야 한다.

전체적으로 볼 때, 가족들은 평균적으로 자신에게 계획된 서비스 중 23%를 놓친 것으로 보고되었다. 계획된 서비스 중앙치가 일주일에 1.5시간임에 비추어, 가족은 지난 6개월 동안 조기중재 서비스를 평균적으로 주당 1시간 정도 받은 것으로 보인다. 환경에 따라 놓친 서비스 시간은 약간의 차이가 있는데([그림 9]), 평균치가 가장 높은

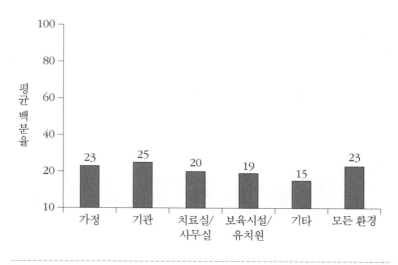

[그림 9] 서비스 제공자가 인식하는 지난 6개월 동안 유아 및 가족이 환경별로 놓친 서비스 시간(n=2,020)

것은 특수기관인 것으로 나타났다.

가정에서 서비스를 놓친 시간은 평균적으로 23%이나, 가정마다 놓친 시간은 매우 다양하였다. 약 1/4(22%)의 유아 및 가족은 보고하길, 조기중재 첫 6개월 동안 한 번도 서비스를 놓치지 않았다고 하였으며, 다른 15%의 유아 및 가족은 서비스를 놓친 비율이 10% 이하라고 하였다. 서비스 제공자들의 보고에 의하면, 열 가족 중 거의 한 가족꼴로(8%) 가정중심의 서비스 시간이 50% 이상 빠졌다. 기관중심의 서비스 비율은 약간 다른데, 17%의 가족은 기관중심의 서비스를 한 번도 놓치지 않았다고 보고하였고, 다른 16%의 가족은 계획된 서비스의 10% 이하를 빠졌다고 하였다. 가정중심의 서비스와 유사하게, 서비스의 상당 시간을 놓친 가족의 비율은 많지 않았는데, 11%의 가족이 기관중심 서비스의 50% 이상을 놓친 것으로 보고되었다. 치료실 서비스를 놓친 시간의 평균은 가정 또는 기관중심 시간을 놓친 시간의 평균보다 약간 낮은 편이었으나, 서비스를 놓친 시간의 분포는 매우 달랐다. 치료실 서비스 예약 가족의 약 1/3(30%)은 서비스를 한 번도 놓친 적이 없다고 하였고, 6%의 가족은 10% 또는 그 이하의 수준으로 서비스를 놓쳤다고 하였다. 또한 8%의 가족이 50% 이상의 서비스 시간을 놓쳤다고 보고하였다.

가족이 받아야 할 모든 서비스를 받지 않은 이유는 여러 가지가 있다. 가족이 서비스를 놓친 이유 중 가장 많은 것은 아동 관련 이유라고 서비스 제공자들은 말하였다. 예를 들어, 아이가 아파서 서비스를 받지 못한 가족이 71%로 보고되었다. 두 번째로 많은 이유는 가족에 관한 것인데, 예컨대 약속을 지킬 수 없었다(57%)는 것이었다. 세 번째 이유는 서비스 제공자와 관련된 것이었다(33%).

서비스의 초점

서비스가 어떻게 제공되었는지에 관한 추가적인 정보를 얻기 위하여 서비스 제공자들에게 서비스의 우선적인 초점이 유아인지, 부모 또는 보호자인지, 또는 유아와 성인 모두인지를 물어보았다. 가정에서 제공되는 서비스가 유아와 성인 모두에게 초점이 맞추어진 비율은 절반을 조금 넘은 가족(55%)이었고, 주로 유아에게만 초점이 맞추어진 가족은 44% 정도였다. 가정에서 제공되는 서비스가 성인에게만 초점이 맞추어진 비율은 1% 미만이었다.

서비스에 참여한 다른 유아의 수

서비스가 특수기관, 치료실, 유치원 또는 보육시설, 기타 환경에서 제공된 경우, 서비스가 개별적으로 또는 집단으로 제공되었는지 여부를 서비스 제공자들에게 물었다. 특수기관에서 서비스를 받은 유아 및 가족은 다양한 형태를 서비스를 받은 것으로 나타났다([그림 10]). 1/3이 넘는 유아 및 가족(35%)은 일대일 서비스만을 제공하는 기관에 다녔으며, 20%는 대부분 일대일로 제공하는 서비스를 받았다. 1/3(36%)은 주로 집단으로 제공하는 서비스를 받았고, 9%는 집단으로만 제공하는 서비스를 받았다. 이와 같은 결과는 서비스 시간 관련 보고된 자료와 일치하는데, 치료 서비스를 위해 기관에 다니는 유아가 있는가 하면, 다른 유아들과 더 많은 시간을 함께 보내기 위해 기관에 가는 유아도 있었다.

치료실 서비스는 일대일의 개별 서비스를 받는 가족이 96%로 압도적이었다. 유치원과 보육시설에서의 서비스는 좀 더 다양하였으나 여전히 개별적 서비스가 가장 많았다. 구체적으로, 약 52%의 서비스는 일대일로 제공되었으며 22%는 주로 일대일로 제공되었다([그림 10]). 이는 치료사나 서비스 제공자가 유치원이나 보육시설을 방문하여 서비스를 제공한 것으로 보인다. 유치원에서 서비스를 받은 유아 및 가족 중 26%는 거의 집단 서비스만을 받았다. 약 5%의 유아 및 가족이 서비스를 받은 그 외 환경에서는 대부분 개별적으로 제공되었다.

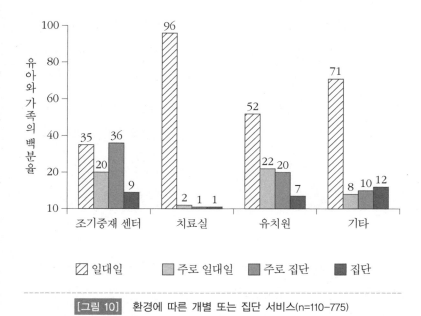

환경에 따른 개별 또는 집단 서비스(n=110-775)

서비스 제공자 간의 협의

초학문적 서비스 제공 모형에서는 서비스 제공자들의 협력이 매우 강조된다(Bruder, 2000, 2005; Guralnick, 2005b). 가족을 직접적으로 대하는 제공자는 전문지식을 공유할 수 있는 다른 전문가와 협력하므로 가족이 치료사 집단을 개별적으로 다 만날 필요가 없다. 또한 유아나 가족이 가끔 필요로 하는 전문가가 있을 수 있는데, 이와 같은 경우 필요할 때마다 제공자는 그 전문가와의 협의를 통해 자문을 구할 수 있다. 서비스 제공자들에게 조기중재 전문가의 목록을 보여 주며 지난 6개월 동안 유아 또는 가족에 관하여 다른 전문가와 협의를 한 경우를 모두 체크하게 하였다.

유아나 가족에 관하여 자문을 구한 전문가는 다양하게 파악되었다. 협의를 가장 많이 한 대상은 가족에게 직접적인 서비스를 제공하는 전문가인 것으로 드러났다. 서비스 조정자가 자문 역할을 한 경우는 69%의 가족에게서 나타났다. 또한 언어치료사(50%), 작업치료사(39%), 물리치료사(36%)가 자주 자문을 한 것으로 밝혀졌다.

결 론

조기중재 종단연구(NEILS) 결과는 조기중재 서비스의 복잡하고 흥미로운 면을 보여 준다. IDEA는 발달지체를 가진 유아, 진단이 분명한 상태의 유아, 위험군 유아 및 그 가족에게 제공할 수 있는 다양한 서비스를 제시하고 있다. 서비스는 각 유아 및 가족의 요구에 맞게 개별화되어야 하므로 조기중재의 구성 또한 상당히 다양한 것은 지극히 자연스러운 일이다. 이 글에서 제시된 자료는 조기중재가 실제로 각 유아 및 가족에게 다양한 형태로 이루어지고 있음을 입증하고 있기는 하나, 동시에 공통점도 있음을 알려 준다. 이 글에서 수집된 자료에 따르면, 조기중재 시스템을 통해 다양한 서비스가 제공되고 있지만, 가장 흔하게 제공되는 서비스는 특별 교수 또는 아동발달 서비스, 언어치료, 작업치료, 물리치료, 발달점검, 서비스 조정이었다. 또한 NEILS 자료에 의하면, 조기중재를 받는 유아는 일반적으로 2~4가지 서비스를 가정에서 주로 받고 있고, 가족은 세 가지 전문영역의 전문가들과 함께 일하는 것으로 나타났다.

계획된 서비스 시간과 놓친 서비스 시간에 관한 자료를 살펴보면,

일반적으로 가족은 일주일에 한 시간을 조금 넘는 수준으로 조기중재 서비스에 참여하는 것으로 보이며, 이는 다른 연구자들(Harbin, McWilliam, & Gallagher, 2000; Hauser-Cram, Warfield, Shonkoff, & Krauss, 2001)의 보고 자료와 유사한 결과다. 대부분의 가족이 한 명 이상의 서비스 제공자들과 일하는 데 비추어, 가족이 받는 서비스 시간은 한 시간 정도로 나타난다는 것은 상당히 특이한 발견이다. 조기중재가 얼마나 많이 제공되어야 하는지에 대해서는 더 많은 연구가 필요하고, 게다가 이 질문에 대한 답은 서로 다른 요구를 가진 유아 및 가족에 따라 달라야 한다. 그럼에도 불구하고, 많은 가족이 일주일에 한 시간씩 서비스를 받고 있으며, 이 시간 또한 서로 다른 영역의 서비스 제공자별로 쪼개어 진다면 의문점이 드는 것도 사실이다. 즉, 더 많은 서비스가 유아 및 가족에게 더 많은 영향을 미치는지 여부에 대해 의문점이 생기게 된다.

서비스 시간은 단지 서비스의 한 측면에 불과하며, 이것이 가장 중요한 것은 아닐 수 있다. 조기중재가 가진 대인관계적(interpersonal) 특성에 비추어 볼 때, 서비스 제공자, 유아, 가족과 활동의 특성 간의 상호작용에서 발생하는 관계의 질이 조기중재가 유아 및 가족에게 미치는 영향을 알아보는 데 훨씬 더 중요한 요소가 될 수 있다. 그런데 NEILS는 대규모로 이루어진 설문조사 방법을 사용하였기에 서비스 전달의 질적 측면에 관한 자료를 수집하기에는 적절하지 않았다.

이 글에서는 서비스의 초점과 가정 밖의 환경에 존재하는 다른 아동의 수에 관한 정보를 제공하였다. 대부분의 가족이 서비스를 받는 환경인 가정에서의 서비스는 주로 유아에게만 초점을 둔다는 응답이 무려 44%의 유아 및 가족에게서 나타났고 유아와 가족에게 초점을 둔다는 응답은 불과 55%의 유아 및 가족에게서만 보고되었다. 우선적으로 유아에게 초점을 둔다는 비율이 높게 나타난 것은 약간 놀라운 결과다. 조기중재 전문가보다 훨씬 더 많은 시간을 유아와 보내는 부모가 자녀를 잘 돌볼 수 있도록 성인에게 초점을 두는 서비스는 궁극적으로 유아에게 더 나은 결과를 가져올 수 있다(Dunst & Bruder, 2002; Dunst, Bruder, Trivette, & Hamby, 2006). 성인과 유아에게 초점을 맞추면서 유아, 가족, 지역사회의 일상적인 일과에 깃든 많은 학습기회를 부모가 인식할 수 있도록 돕는 것은 바로 추천실제와도 일치한다(Bruder, 2000; Bruder & Dunst, 1999; Dunst & Bruder; Spiker, Hebbeler, & Mallik, 2005). 서비스 제공자들이 왜 가족훈련을 중재 계획에 일상적으로 포함시키지 않는가에 대하여 좀 더 알아볼 필요가 있다. 아동중심 서비스가 높은 비율을 보이는 것과 함께 상대적으로 서비스 시간이 낮다는 결과는, 부모가 자녀를 돌보는 테크닉을 습득할 수 있다면 조기중재 서비스의 효과가 높아질 수 있음을 시사한다.

이 연구에서는 조기중재 전달의 질적 측면을 다루지 않았으므로 NEILS 자료에서 추론할 수 있는 바는 다소 제한된다. 또한 자료가 1998~1999년 사이에 수집되었으며, 중재 시기에 자연적 환경을 강조하는 것과 조기중재 분야의 꾸준한 발전에 의해 특별한 기관이나 치료실에서 유아가 서비스를 받는 비율이 점차 줄어들었다. 자료 수집 이후에 이루어진 변화, 예를 들면 전문가 양성이나 재정지원 정책의 변화가 서비스 제공방법에 어떠한 영향을 미쳤는지 알 수 없다. 그럼에도 불구하고, 이 연구의 자료는 조기중재 서비스의 제공과 관련한 전국단위의 유일한 표집 자료로서 의의가 있다.

가족의 다양성과 함께 제공되는 서비스의 다양성은 조기중재 서비스의 개별화된 체계를 시사한다. 이 글에서 밝혀진 바는 조기중재의 복잡성을 각인시키고 있으며, 후속 연구가 필요한 영역을 알려준다. 특히 가족이 받는 서비스 시간, 가족이 서비스를 놓치는 이유, 서비스 제공자가 아동에 초점을 둔 서비스를 전달하는 이유에 대한 연구가 더 필요하다. NEILS와 같은 연구가 더 많이 수행되어 조기중재가 어떻게 제공되어야 하는지 또는 어떻게 제공될 수 있는지가 아니라, 어떻게 제공되는지에 대한 조사가 이루어져야 한다. 연구자들은 조기중재의 질적인 측면을 살펴볼 필요가 있다. 특히 전문가가 조기중재에 참여하는 부모들과 어떻게 상호작용하는지와 전문가가 성취하고자 하는 것이 무엇인지에 대한 연구가 필요하다. 특히, 중재자는 유아가 일상에서 최적의 학습기회를 갖도록 부모를 지원하고 있을까?(즉, 어떻게 하면 짧은 서비스 시간으로도 유아가 일상에서 조기중재를 받는 시간을 많이 가질 수 있게 만들 것인가?) 조기중재 체계를 전반적으로 어떻게 고치면, 전국적으로 좀 더 효과적인 실제가 일어날 수 있게 될까? NEILS 결과는 조기중재 서비스에 대한 상당한 정보를 알려 주고 있으나 여전히 더 많은 연구가 필요한 것도 사실이다. 특히 다양한 특성의 조기중재 서비스를 개별화되고 동시에 유아 및 가족에게 최대의 효과를 낳을 수 있는 서비스 패키지로 결합하는 방법에 대한 연구가 시급하다.

● NEILS 관련 참고 자료

NEILS에 관한 추가 정보와 보고서: www.sri.com/neils

표집 전략에 관한 정보: Javitz, H., Spiker, D., Hebbeler, K., & Wagner, M. (2002). *National Early Longitudinal Study: Sampling and weighting procedures: Enrollment form, family interview, service records* (NEILS Methodology Report No. 1). Menlo Park, CA: SRI International.

서비스를 받는 유아 및 가족의 특성이 기록된 보고서: Hebbeler, K., Spiker, D., Bailey, D., Scarborough, A., Mallik, S., Simeonsson, R., et al. (2007). *Early intervention for infants and toddlers with disabilities and their families: Participants, services, and outcomes. Final report of the National Early Intervention Longitudinal Study* (NEILS). Menlo Park, CA: SRI International.

Scarborough, A. A., Hebbeler, K. M., & Spiker, D. (2006). Eligibility characteristics of infants and toddlers entering early intervention in the United States. *Journal of Policy and Practice in Intellectual Disabilities, 3*(1), 57-64.

Scarborough, A. A., Spiker, D., Mallik, S., Hebbeler, K. M., Bailey, D. B., Jr., & Simeonsson, R. J. (2004). A national look at children and families entering early intervention. *Exceptional Children, 70*(4), 469-483.

주 🔅

교신저자: Kathleen Hebbeler(kathleen.hebbeler@sri.com)

참고문헌 🔅

Bruder, M. B. (2000). Family-centered early intervention: Clarifying our values for the new millennium. *Topics in Early Childhood Special Education, 20*(2), 105-115, 122.

Bruder, M. B. (2005). Service coordination and integration in a developmental systems approach to early intervention. In M. J. Guralnick (Ed.), *The developmental systems approach to early intervention*(pp. 29-58). Baltimore: Brookes.

Bruder, M. B., & Dunst, C. J. (1999). Expanding learning opportunities for infants and toddlers in natural environments: A chance to reconceptualize early intervention. *Zero to Three*, 20, 34-36.

Dunst, C. J., & Bruder, M. B. (2002). Valued outcomes of service coordination, early intervention, and natural environments. *Exceptional Children*, 68, 361-375.

Dunst, C. J., Bruder, M. B., Trivette, C. M., & Hamby, D. W. (2006). Everyday activity settings, natural learning environments, and early intervention practices. *Journal of Policy and Practice in Intellectual Disabilities, 3*(1), 3-10.

Gallagher, J. J., Harbin, G. L., Eckland, J., & Clifford, R. (1994). State diversity and policy implementation: Infants and toddlers. In L. J. Johnson, R. J. Gallagher, M. J. LaMontagne, J. B. Jordan, J. J. Gallagher, P. L. Hutinger et al. (Eds.), *Meeting early intervention challenges: Issues from birth to three*(2nd ed., pp. 235-250).

Baltimore: Brookes.

Garwood, S. G., & Sheehan, R. (1989). *Designing a comprehensive early intervention system: The challenge of Public Law 99-457.* Austin, TX: PRO-ED.

Guralnick, M. J. (Ed.) (2005a). *The developmental systems approach to early intervention.* Baltimore: Brookes.

Guralnick, M. J. (2005b). An overview of the developmental systems model for early intervention. In M. J. Guralnick (Ed.), *The developmental systems approach to early intervention* (pp. 3-28). Baltimore: Brookes.

Harbin, G. L., McWilliam, R. A., & Gallagher, J. J. (2000). Services for young children with disabilities and their families. In J. P. Shonkoff & S. J. Meisels (Eds.), *Handbook of early childhood intervention* (2nd ed., pp. 387-415). New York: Cambridge University Press.

Hauser-Cram, P., Warfield, M. E., Shonkoff, J. P., & Krauss, M. W. (2001). Children with disabilities: A longitudinal study of child development and parent well-being. *Monographs of the Society for Research in Child Development, 66*(3).

Johnson, L. J., Gallgher, R. J., LaMontagne, M. J., Jordan, J. B., Gallagher, J. J. Hutinger, P. L. et al. (Eds.). (1994). *Meeting early intervention challenges: Issues from birth to three.* Baltimore: Brookes.

National Research Council and Institute of Medicine. (2000). *From neurons to neighborhoods: The science of early childhood development.* Washington, DC: National Academy Press.

Spiker, D., & Hebbeler, K. (1999). Early intervention services. In M. Levine, W. B. Carey, & A. C. Crocker (Eds.), *Developmental-behavioral pediatrics* (3rd ed., pp. 793-802). Philadelphia: Saunders.

44

Spiker, D., Hebbeler, K., & Mallik, S. (2005). Developing and implementing early intervention programs for children with established disabilities. In M. J. Guralnick (Ed.), *The developmental systems approach to early intervention*(pp. 305-349). Baltimore: Brookes.

Spiker, D., Hebbeler, K., Wagner, M., Cameto, R., & McKenna, P. (2000). A framework for describing variations in state early intervention systems. *Topics in Early Childhood Special Education, 20*(4), 195-207.

가족에게 초기 평가 정보를
제공할 때의 효과적인 의사소통 전략

Karen L. Applequist, Ph.D.
Laura Umphrey, Ph.D.
Eugene Moan, Ed.D.
Becky Raabe, M.A. Northern Arizona University

부모는 딸 안젤리카가 쌍둥이 형제 아투로보다 수개월씩 발달이 뒤처지자 무언가 잘못되지 않았나 의심하였다. 안젤리카는 20개월이 되어도 스스로 걷지 못하는데 비해, 아투로는 뛰어다니고 올라갔다. 부모는 소아과 의사와 상담을 하였으며, 의사는 발달 평가를 받을 것을 제안하였다. 의사는 부모에게 발달 클리닉에 즉시 전화하여 평가 예약을 할 것을 제안하였다.

예약일에 예정시간보다 약간 빨리 부모는 발달 클리닉에 도착하였다. 매우 분주해 보이는 클리닉에서 부모는 좁은 창을 통해 접수 담당자로부터 접수 양식을 받았다. 접수 양식에 있는 낯선 용어가 주는 혼란과 개인 정보를 밝히는 것에 불편함을 느낀 부모는 안젤리카 평가를 꼭 해야 하는지 잠시 고민하였다.

부모는 세 명의 전문가들, 즉 발달심리학자, 물리치료사, 언어치료사를 만나기 위해 두 아이를 데리고 복도를 내려가는 중 불안감과

긴장감을 느꼈다. 전문가들은 각자 자신을 소개하고, 평가 과정을 간단하게 설명한 뒤 부모 대상의 표준화된 인터뷰를 진행하였다. 그 뒤, 전문가들은 안젤리카의 평가를 시작하였다. 부모는 영어로 의사소통하는 데 어려움이 없음에도 불구하고 전문가가 수행하는 다양한 검사의 목적을 이해하기가 어려웠으며 혼란스러웠다. 아버지는 아투로가 검사를 방해하지 않도록 주의를 기울이다가 결국 아투로를 데리고 대기실로 나왔다. 어머니는 검사가 끝났을 때 안도하였다. 발달심리학자는 어머니에게 대기실에서 남편과 기다렸다가, 20분 뒤 자신의 사무실에서 만나 결과를 논의하자고 하였다.

부모는 20분 뒤 발달심리학자의 사무실에 돌아가서 전문가들의 맞은편 의자에 앉았다. 전문가들의 근엄한 얼굴표정을 보며 부모는 평가 결과가 불안해졌다. 발달심리학자는 평가 결과를 급하게 공개하였으며, 안젤리카가 아투로와 마찬가지로 정상적으로 자라기를 바라는 부모의 마음은 산산이 부서졌다. 부모는 망연자실하여 아무 말도 할 수 없었다. 부모는 무엇을 물어보아야 할지, 어떻게 반응해야 할지 몰랐다. 전문가들은 각자 평가한 결과에 대해 길게 설명하였다. 부모는 조기중재 서비스 의뢰서와 서비스 기관의 목록, 가족지원 집단의 기록을 받았다. 그러나 그 목록에는 부모의 배경인 라틴계 문화와 연관된 기관이나 집단은 전혀 없었다. 부모는 안젤리카의 미래에 관한 실현 가능한 기대를 어떻게 해야 할지 몰랐다. 그들은 당혹감과 무기력감이 가득한 채로 전문가의 방을 빠져나왔다.

자녀에게 장애가 있음을 알았을 때 부모의 삶은 예상치 못한 방향으로 뒤바뀔 수 있다. 자녀의 진단을 처음 접하면서 부모는 개인적인 비통함에 직면하며 장애의 의미에 의문을 가지게 된다. 부모는 자녀에 대해 무엇인가 즉각적인 결정을 내려야 하는 압박감을 가지며 자녀의 미래에 대한 두려움을 갖게 된다. 마찬가지로, 자녀의 장애가 가족에게 미치는 영향과 부모-자녀 관계에 미치는 영향에 대해 염려하게 된다. 이러한 부모의 감정은 장애 자녀를 기르는 독특한 양육과정의 단지 시작에 불과하며, 이는 전문가와의 관계, 정보 접근, 지원에 따라 달라질 수 있다(Smith, 2003). 조기중재 전문가는 아동의 장애, 이용 가능한 서비스와 지원, 기타 교육적 고려에 대한 정보를 제공할 수 있다. 그런데 장애 관련 경험을 병원환경에서 최초로 하는 가족들이 더러 있다. 이때 가족이 겪는 경험은 앞으로 있을 전문가와의 협력에 대한 기대에 상당한 영향을 미치게 된다.

그런데 전문가들은 가족에게 처음으로 평가 정보를 알리는 과정이 결코 쉽지 않다고 말한다. 대부분의 전문가 단체는 가족중심의 실제에 관한 분명한 지침과 대략적인 권고사항을 가지고 있으며(예: American Academy of Pediatrics, 2003; Sandall, Hemmeter, Smith, & McClean, 2005), 대다수 조기중재 전문가는 가족중심의 실제 원칙에 따라 훈련을 받는다. 가족중심 실제의 핵심적인 요소가 바로 의사소통이라는 것은 널리 알려져 있음에도 불구하고(Blue-Banning, Summers, Frankland, Nelson, & Beegle, 2004), 전문가 양성 교육과정에서는 충분히 강조되지 않을 때가 종종 있다(Rupiper & Marvin, 2004). 따라서 전문가들이 효과적인 의사소통 전략을 사용하기에 준비가 미흡할 수 있다(Brown, Stewart, & Ryan, 2003). 이 글에서는 의사소통 문헌에 근거하여 가족에게 처음으로 평가 정보를 전달할 때 유용한 의사소통 전략과 권고사항을 제안한다. 이와 같은 지침은 환경적으로 기초 마련하기, 상호 교환을 위해 준비하기, 여러 상황에서 사용하기에 적절한 메시지 만들기에 초점을 둔다.

초기 평가 정보를 가족에게 알리기

기초 마련: 환경적 조건

사람들이 의사소통하는 방법에는 물리적 환경의 요소가 영향을 미칠 수 있다(du Pre, 2000). 장애를 가진 아동의 부모는 자신이 안전하게 여기는 상황에서의 정보 수용을 매우 중요하게 여긴다(Mitchell & Sloper, 2002). 그래서 반드시 가능한 한 가족이 편안하게 여기는 환경에서 정보가 공유되어야 한다. 인위적인 장벽을 없애고 좀 더 친밀감을 갖기 위해 가구를 배치하는 것도 환경에 따라 유용할 수 있으나, 이에 못지않게 중요한 것은 전문가가 상대방의 개인적 공간을 존중하는 것이다.

좌석, 실내 온도, 실내 청정도, 시각적·청각적인 자극 등과 같은 장소의 모든 요소를 고려해야 한다(Williams, 1997). 병원환경에서 가족을 주로 만나는 전문가는 가족을 환영하는 다양한 방법을 고려하여 가족이 편안하게 느끼도록 해야 한다. 가족의 집에서 만날 경우, TV 소리와 같은 소음이나 아이들의 방해처럼 집중을 방해하는 요인들이 존재할 수 있다. 이러한 요인들이 가족이나 전문가의 참여에 부정적인 영향을 미치는지 여부를 전문가가 판단해야 한다. 주의산만에 대한 인내력은 사람마다 매우 다르므로 가족뿐 아니라 전문가 자신의 반응패턴을 점검하는 것이 필요하다. 후각이 민감한 가족은 어떤 냄새에 불쾌감을 가질 수 있으므로 가능한 제거되어야 하는 요소다. 예를 들어, 향수가 불쾌감을 줄 수 있으므로 가족을 만날 때 향수를 뿌리지 않는 것이다.

정보를 교환할 때 충분한 시간을 확보함으로써 가족은 질문과 함께 명확하게 이해하는 기회를 가질 수 있다(Larsen & Smith, 1981). 이를 위하여 전문가는 가족과 이야기할 때, 휴대전화를 미리 꺼두고 가족에게 전념하는 태도를 보여야 한다. 보통 미국인은 일정과 시간을 엄격하게 고수하는 편인 반면에 다른 문화적 배경을 가진 이들은 그렇지 않을 수 있다(Hall, 1976; Lynch & Hanson, 2004). 전문가 자신의 시간에 대한 신념과 행동이 가족과의 상호작용에 어떠한 영향을 미치는지 인식할 필요가 있다.

앞의 사례를 긍정적인 방향으로 변화시키기　　병원의 등록 절차를 변경하여 부모가 평가에 대해 느낀 불안을 제거하였고, 등록 양식은 가족의 언어와 문화에 적절하게 수정하고 익숙하지 않은 용어는 없앴다. 모국어가 영어가 아닌 가족을 위하여 라틴어로 번역된 양식을 비치하였다. 또한 통역사를 고용하여 도움이 필요한 가족을 지원하게 하였다. 센터의 직원은 충분한 시간을 할애하여 가족이 등록 양식을 기입하는 데 도움을 제공하고 평가 과정을 설명하고 부모가 의문사항을 질문하도록 하였다. 병원에서의 첫 상호작용이 이렇게 시작되자 부모의 불안감이 완화되었다. 발달심리학자는 부모를 반갑게 맞이하고 부모를 자신의 방으로 안내하였다. 전문가들이 부모와 함께 평가 절차에 대해 소개하고 논의하는 동안, 쌍둥이 아이들은 부모와 멀지 않으면서 장난감이 비치된 공간에서 편안하게 앉아 놀이를 하였다. 발달심리학자는 안젤리카 평가에 물리치료사와 언어치료사가 왜 필요한지를 설명하고 전체적인 개요를 제공하였다.

준비

준비단계에서 가장 중요한 것은 가족중심이 되도록 개인의 능력을 조정하는 것이다. 이를 위하여 전문가는 자신이 가진 신념, 태도, 편견을 먼저 자세히 살펴보아야 한다. 왜냐하면 이러한 것들이 가족과 의사소통하는 능력에 영향을 미치기 때문이다. 장애에 대해 개인이 가진 신념과 개인적 경험이 바로 아동의 잠재력과 가족과의 상호작용에 대한 개인의 기대에 영향을 미친다. 자기반성(self-reflection)을 함으로써 개인이 가진 감정에 대해 분명히 알 수 있다. 즉, 가족이 가진 독특한 강점과 요구에 대해 반응적이고 민감하게 대해야 하는데, 이를 방해할 수 있는 개인적 감정을 분명하게 파악하는 데 자기반성이 도움이 될 수 있다. 특히 문화적으로나 언어적으로 다른 가족과의 관계에서 더욱 그러하다. 전문가는 자신과 다른 문화적·언어적 배경을 가진 가족에 대해 고정관념이나 편견에서 비롯된 신념을 가지고 있을 수 있다. 자기반성은 하나의 분리된 단계가 아니라, 팀원들이 가족과 상호작용하면서 계속적으로 해야 하는 과정이다. 아울러 개별 가족이 지닌 신념과 가족의 독특한 실제에 대해 이해하고자 하는 전문가는 Barrera와 Corso(2002)가 설명한 접근, 『능숙한 대화(skilled dialogue)』(p. 103)를 이용하여 정형화 또는 일 반화하는 오류를 줄일 수 있다. 이러한 접근을 이용하는 전문가는 가족에 대해 지레짐작하지 않고, 대신에 가족과 자유롭게 자신의 가 치관이나 신념을 공유할 수 있게 된다. 사례의 발달심리학자는 짐작 하길, 부모가 전문가의 견해를 전적으로 따를 것이라 여기며 핵심적 인 정보만을 공유하고자 했을 것이다. 그런데 능숙한 대화 접근을 사용하였다면, 발달심리학자는 부모의 관심과 요구를 알아내는 데 더 많은 시간을 투자했을 것이며 부모가 가진 독특한 신념, 자원, 우 선순위에 좀 더 민감하게 반응하였을 것이다.

가족과 전문가는 공동목표를 향해 함께 협력하는 사람들이다. 여 기에서 공동목표란 가족이 가진 정보 및 정서 관련 요구를 다루는 것을 포함한다. 가족의 최우선 순위는 자녀의 발달적 예상에 관한 정보 획득, 자녀의 발달적 평가 결과, 그리고 자녀를 돕는 방법에 집 중된다(Bailey & Powell, 2005). 가족과의 첫 상호작용은 그다음에 이어지는 모든 상호작용의 시작이 되므로 첫 상호작용은 철저하게 계획되어야 한다. 가족이 전문가를 만나기 전에 질문할 내용과 누가 회의에 참석하기를 희망하는지를 생각해 보고 회의에서 적을 필기 구와 종이를 준비하도록 알려 주어야 한다.

소개

모든 상호교환에서 소개(introduction)는 중요한 요소다. 대부분 의 가족은 진단 및 평가 결과, 의료비, 절차상의 모호성 등 관련 걱정이 많기 때문에 전문가와의 첫 만남에서 상당한 불안감을 느끼게 된다. 따라서 전문가가 가족과의 상호작용을 위한 장을 마련하는 것이 중요하다. 소개란 가족과의 라포를 형성하고 가족에게 오리엔테이션을 제공하는 것을 포함한다(Stewart & Cash, 2008). 이때 전문가가 자신을 소개하고 자신의 역할을 설명하는 것이 중요하다. 전문가는 많은 가족과 이미 이러한 과정을 수차례 겪었으나, 가족의 입장에서는 새로운 경험이며 팀원들이 낯설고 그들의 역할에 대해서도 생소하게 느낀다. 그러므로 라포 형성의 목적은 가족과 친근함과 신뢰를 쌓고 관계를 만들며 유지해 나가는 것이다(Stewart & Cash, 2008). 소개가 끝날 즈음 가족은 전문가 방문에서 무엇을 기대해야 하는지 알게 되고 불확실성과 모호함은 감소하게 된다.

부모가 모든 상호작용에서 적극적인 역할을 수행하는 데 불편함을 느끼지 않도록 가족과의 첫 만남에서 준비를 잘 하는 것이 중요하다. 어떤 부모는 전문가를 모든 지식과 전문성을 갖춘 사람으로 인식하고, 자신의 역할은 단지 전문가가 제공하는 정보를 듣고 받아들이는 사람이라고 인식하기도 한다. 전문가와의 대화 중 질문 등으로 대화를 방해하지 않으려는 경향을 보이는 가족에게는 전문가가 대화 중 자주 부모의 피드백을 요청하는 것이 중요하다(du Pre, 2000). 개방적 대화에 필요한 또 다른 전략은 언어적 격려(verbal encouragement)다(du Pre, 2000). 언어적 격려를 촉진하는 테크닉의 예를 들면, 개방형 질문하기, 침묵을 편안하게 여기기, 급하게 주제 바꾸지 않기[만약에 주제를 변경할 필요가 있을 경우 가족에게 "말씀 감사합니다. 이번에는 ……에 대해 몇 가지 질문을 하고자 합니다……." 라고 말하는 것이 좋다. 이렇게 함으로써 전문가가 가족의 말을 듣고 있지 않는 것 같은 인상을 피할 수 있다(Smith & Hoppe, 1991).] 가족은 자녀에 대해 여러 가지 걱정거리를 가지고 있을 수 있다. 가족에게 면밀한 질문을 이어가는 것이 중요한데, 예를 들어 "지금까지 이야기한 것 외에 오늘 의논하고 싶은 것이 있습니까?"라는 질문을 한다(Stewart & Cash, 2008). 또한 du Pre(2000)에 의하면, 진단과 그 이후의 관리 외에도 가족은 안심하고, 용서받고, 위로받기를 원한다고 하였다. 한마디 말이 많은 것을 의미한다(예: "이 사안에 대해 당황해할 필요 없습니다", "당신의 잘못이 아닙니다").

가족에게 평가 정보를 알리거나 진단명을 설명할 때 가족구성원이 그 정보를 어떻게 인식하는지에 대해 충분히 이야기 나누는 것이 중요하다. 예를 들어, "……에 대해 들어본 적이 있습니까?" 또는 "……에 대해 경험한 바가 있습니까?"와 같은 질문이 유용할 수 있다.

전문가는 스트레스 상황에 놓인 가족과 효과적으로 일하는 데 충분한 훈련을 받지 않을 수 있다. McCubbin(1983)의 ABCX모델은 스트레스 요인, 사건, 개인적으로 이용할 수 있는 스트레스 대처자원, 결과로 구성된다. 과거에 가족이 경험한 어려움을 어떻게 극복하였는지 물어봄으로써 가족이 자신들의 적응능력과 자신들이 가진 자원에 대해 생각해 볼 수 있다. 가족에 대해 이러한 정보를 가진 전문가는 가족에게 훨씬 공감적이며 효율적이 될 수 있다. 이렇게 가족의 독특한 적응유형을 이해하는 것도 중요하다. 한편, Turnbull, Turbiville, Turnbull(2000)은 가족역량강화모델을 추천하였다. 이 모델에서 전문가는 가족에게 반응적인 역할을 수행하는데, 가족이 자신들의 장기목표와 요구를 확인할 수 있도록 전문가가 지원한다.

가족의 삶 전반에 걸쳐 가족이 권한을 가지고 조절하며, 전문가는 가족이 필요로 하는 정보를 제공하고 가족이 목표를 성취할 수 있도록 도움을 제공한다.

연구에 의하면, 전문가들은 가족과 대화할 때 가족의 불평이나 정서적 노출을 무의식적으로 피하는 행동을 하는 것으로 보고된다(Jarrett & Payne, 1995). 따라서 전문가가 이러한 경향을 인지하고 가족이 걱정거리를 쉽게 털어놓을 수 있게끔 개방적인 환경을 만들도록 노력하는 것이 중요하다. 자녀 및 가족의 이익을 위해 목소리를 높이고 주도권을 잡는 것이 대부분의 가족에게는 자연스럽고 편안한 과정이 아니다. 그러므로 부모가 원하는 수준에서 참여할 수 있는 기회를 제공하는 것은 전문가의 책임이다.

앞의 사례를 긍정적인 방향으로 변화시키기 평가 전에 가족을 위해 소요한 시간 덕분에 전문가와 부모는 신뢰와 존중을 바탕으로 하는 관계를 맺게 되었다. 평가 일주일 후 부모를 다시 만났는데, 부모는 준비해 온 질문을 하였고 팀원들은 부모의 이야기를 경청하며 철저한 평가를 실시하였다. 이미 형성된 라포와 함께 심리학자의 진심어린 대화기술로 인해 부모는 자녀가 평생에 걸친 장애를 가졌다는 진단에도 충격을 완화할 수 있었다. 물리치료사와 언어치료사 또한 참석하여 평가 결과를 부모와 함께 검토하고 부모의 질문에 답하였다.

메시지 조절

모든 부모는 자녀의 특별한 요구와 자녀가 이용할 수 있는 서비스의 유형에 관한 정보를 얻으려 하나(Gowen, Schoen, & Sparling, 1993), 가족마다 필요로 하는 정보가 다를 수 있다. 따라서 전문가는 각 가족의 요구에 맞추어 반응해야 한다. 가족초점형 인터뷰(Winton, 1988)나 일과중심형 인터뷰(McWilliam, 1992) 접근을 이용하는 전문가는 가족과의 인터뷰 과정에서 드러나는 구체적인 정보 요구를 발견할 것이다. 가족의 이야기에 귀 기울이는 것이 매우 중요한데, 그렇게 함으로써 불완전한 정보를 제공하거나 정보 과부하 상태를 만드는 오류를 막을 수 있다.

전문가는 자신의 생각을 말하기보다 항상 가족에게 반응적인 태도를 가지는 것이 필요하다. 전문가가 볼 때 아동의 진단과 관련하여 가족에게 좀 더 많은 정보가 필요하다고 여기더라도 가족은 더 많은 정보를 받아들일 준비가 아직 안 됐을 수 있다. 준비가 되지 않은 가족에게 제공되는 정보는 수용될 가능성도 적다.

「장애인교육법(IDEA)」 Part C에 의하면, 평가는 반드시 가족의 모국어로 이루어져야 한다. 그래서 영어가 익숙하지 않은 가족에게는 통역사가 반드시 필요하다. 통역사를 통해 가족과 의사소통할 경우 전문가는 대화 시 항상 가족을 직접 보면서 말해야 한다. 영어가 모국어가 아닌 가족과 대화할 때 가족이 이해하기 쉬운 용어를 사용하는 것이 좋다. 가능한 한 전문용어를 피하고 가족이 이해하기 어려운 어휘를 피해야 한다. 문화적 충돌을 줄이려면 가족과 만날 때 문화 멘토(cultural mentor)가 함께 자리하는 것도 좋다.

전문가의 구어적 의사소통

조기중재 서비스에 처음 들어오는 가족은 생소한 약어와 전문용어들에 혼란스러워 한다. 약어란 효율적인 의사소통을 위해 사용되지만 그 의미를 아는 사람들만 이해할 수 있다. 흔히 쓰는 전문용어가 동일한 정의를 가진다고 추정한다면 이는 비효율적인 의사소통으로 이어질 수 있다(Hadlow & Pitts, 1991). 그러므로 전문가와 가족은 흔히 쓰는 용어라도 이 용어의 의미를 동일하게 인지하는지 확인할 필요가 있다. 예컨대, "용어 _____는 사람마다 조금 다르게 이해되는 것 같습니다. 내가 이 용어를 쓸 때의 의미는 _____입니다."라고 말하는 것이다.

전문가는 회의에 참석한 가족구성원 모두와 의사소통해야 한다. 특히 전문가가 전달하는 정보에 대해 가족이 감정을 추스를 수 있도록 충분한 시간을 제공하면서, 다음 과정으로 급히 넘어가지 않고 서두르지 않아야 한다. 대화 중 전문가가 잠시 대화를 멈추는 상황을 자주 만들면, 부모는 그 시간 동안 정보를 처리할 수 있으며 질문할 기회도 가지게 된다. 그런데 많은 전문가들은 가족에게 충분한 시간을 할애하지 않거나 메시지를 조절하는 데 실패하며, 가족이 필요로 하거나 원하는 것보다 더 많은 정보를 제공하는 데 급급해 한다(Brady, Peters, Gamel-McCormick, & Venuto, 2004).

일반적으로 사람들은 자신이 들은 말의 일부만을 기억하는 경향이 있다(Ley, 1988). 자녀에게 문제가 있음을 인지하고 첫 1년 동안 가족은 많은 새로운 정보를 접하게 되고 감정의 요동 속에 지내게 된다. 따라서 이 기간 동안 특정 회의에서 들은 말 중 극히 일부만을 기억할 수 있다. 그러므로 가족에게 정보를 자주 반복해 주는 것이 필요하고 여러 형태(예: 문서 또는 웹 정보)로 정보를 제공하는 것이 필요할 수 있다. 그리고 가족을 대할 때마다 제공되는 내용을 요약하는 것 또한 도움이 될 수 있다. 매 회의에서는 직전 회의에서 다룬 내용을 정리함으로써 가족은 한 번 더 들을 수 있는 기회를 가지게 된다. 가족이 나중에 검토할 수 있도록 회의 내용을 서면으로 요약하여 제공하는 것도 좋다. 첫 회의에서 다루어진 내용을 가족이 모두 다 이해하지 못해도 괜찮다는 것을 가족에게 확인시킨다. 가족이 한 번에 모든 정보를 이해하지 못한 것에 대해 혹시 가질 수 있는 죄책감이나 걱정을 미리 차단하는 것이다.

전문가의 비구어적 의사소통

전문가의 비구어적 행동은 가족과의 상호작용의 성과에 영향을 미칠 수 있다(Robinson, 1998; Roter, Frankel, Hall, & Sluyter, 2006). 타인과 의사소통할 때 사람들은 흔히 관례로 여겨지는 다양한 비구어적 행동을 한다(DiMatteo, Hays, & Prince, 1986). 예를 들어, 발성(고저, 강도, 한숨, 웃음), 동작(신체 움직임, 시선, 얼굴표정, 자세), 공간(공간 및 영역 사용), 시간(시간 계획), 인공물(의사소통에 이용되는 물건), 촉각(접촉) 등이다. 의사소통이 가장 효과적이려면 구어적 · 비구어적 의사소통을 동시에 사용해야 한다.

인간은 태어나면서부터 자신의 감정을 얼굴표정으로 전달할 수 있다. 이는 대부분 전 세계적으로 보편적이지만 문화에 따라 차이가 있는 것도 사실이다. 정서적 혼란에 빠진 가족은 감정을 비구어적으로 드러낼 수 있으므로 전문가는 이와 같은 비구어적 단서를 확인하여 적절하여 반응해야 한다(Pendleton, Schofield, Tate, & Havelock, 1984). 전문가는 표정과 신체표현을 통해 가족에게 진정성 있는 관심을 나타내어야 한다(Bensing, Kerssens, & van der Pasch, 1995). 가족의 참여를 도모하기 위하여 전문가는 비구어적인 친화적 단서(nonverbal affiliative cues)를 사용해야 한다(Street & Buller, 1987). 민감한 정보를 전달할 때 적당한 접촉이 어떤 가족에게는 위로가 될 수 있지만, 때로 문화적으로 적절하지 않을 수도 있다. 그러므로 가족이 수용할 수 있는 접촉인지에 대해 전문가가 확실하게 판단할 수 있을 때에 한하여 신체적 접촉을 사용하는 것이 좋다(Northouse & Northouse, 1985).

가족의 이야기를 들을 때, 미소, 끄덕이기, 눈 맞춤, 몸을 약간 앞으로 기울이기 등과 같은 비구어적인 친화적 단서를 사용하는 것이 중요하다(O'Hair, Friedrich, & Dixon, 2007; Romig, 1996). 효과적인 경청은 가까이 하기 쉬움과 신뢰를 전달한다(Romig, 1996). 가족의 이야기를 들을 때 가족이 말하고 있는 바를 이해하는 것도 중요하지만, 왜 그 말을 하는지와 그 말의 바탕에 깔려 있는 감정을 이해하는 것 또한 중요하다(Wright, Sparks, & O'Hair, 2008). 사람들은 말하길, "감정을 이해받는 것은 진정으로 치료의 효과가 있다."고 한다 (Suchman, Markakis, Beckman, & Frankel, 1997, p. 678). 효과적인 경청으로 인해 가족은 전문가가 진심으로 자신의 이야기를 듣는다고 믿으며 훨씬 더 자유롭게 대화할 것이다(Bensing, Kerssens, &

van der Pasch, 1995).

앞의 사례를 긍정적인 방향으로 변화시키기 팀원 모두는 진단에 대한 가족의 구어적이거나 비구어적 반응에 능숙하게 반응하였다. 각 평가 결과에 대해 가족이 충분히 숙고할 수 있는 시간을 제공하였다. 전문가들은 부모가 자녀의 진단을 이해하는 데 필요한 정보의 양과 유형을 측정하였으나 이를 충분하다거나 적절하다고는 가정하지 않았다. 회의가 끝나갈 무렵, 심리학자는 제공된 정보를 요약함으로써 가족이 다시 한 번 들을 수 있는 기회를 제공하였다. 부모가 질문을 할 수 있게 분위기를 조성하였으며, 문화적으로 멘토가될 수 있는 사람도 회의에 참석하도록 요청되었다. 이들은 조기중재방법, 기대 방향, 잠정적인 성과 등에 대해 논의하였다. 가족이 다른형태로 정보를 제공받기를 원하는지 물어보고 자료들을 제공하였다. 전문가들이 아동에게 진심으로 관심을 가지고 있음을 부모에게재확인하였으며, 부모는 희망을 가지고 회의 장소를 떠났다.

결 론

전문가로서 우리는 정보공유와 관련하여 기술적인 전문적 지식을흔히 강조한다. 가족에게 좀 더 효과적으로 정보를 전달하는 전략들을 숙지할 수 있다면 전문가로서의 역할도 완벽하게 수행할 수 있을것이다. 〈표 1〉은 저자들이 전문가 대상으로 개발한 질문이며, 이와 관련하여 추가적인 자료는 〈표 2〉에 제시하였다. 가족이 필요로 하는 정보를 제때에 얻는지 여부는 여러 요인에 의해 좌우된다. 예컨대, 대부분의 가족은 인터넷상의 정보를 쉽게 얻는 편이며, 이와 같은 방법을 선호한다. 정확하고 완벽한 정보를 제공하는 웹사이트를 가족에게 알려 주는 것이 이러한 가족에게는 도움이 될 수 있다. 그런데 인터넷을 통한 정보는 그 양이 엄청나게 많을 수 있으므로 (Hart & Wyatt, 2004), 안내 책자나 팸플릿 또는 멀티미디어 자료와 같은 유형의 정보를 선호하는 가족에게는 이와 같은 것들을 제공하는 방법이 필요하다. 모든 가족이 동일한 유형의 정보를 선호할 것이라는 가정을 하지 말고 가족에게 직접 물어보아 그들이 선호하는 형태의 정보를 제공하여야 한다. 부모결연 또는 가족결연 관련 자원 정보와 지원도 반드시 가족에게 제공되어야 한다. 가족이 정보를 수용하는 방식에 영향을 미치는 여러 요소를 고려하여 각 가정에 맞추어 정보를 제공하여 가족이 유능한 의사결정자가 되도록 지원하는 것이 바로 전문가의 책임이다.

 〈표 1〉 정보공유에 관한 체크리스트

1. 가족과 라포를 형성할 시간을 충분히 가지고 오리엔테이션을 실시하였는가?
2. 가족에 대한 추측을 최소화하였는가?
3. 회의 장소는 가족이 원하는 곳을 선택하였는가?
4. 회의 시 주의산만을 최소화하도록 노력하였는가?
5. 회의가 급하게 진행되지 않도록 시간이 충분히 제공되었는가?
6. 가족이 가진 정보 관련 요구를 파악하기 위해 노력하였는가?
7. 정보는 편견 없이 정확하게 공유되었는가?
8. 필요 시 통역자가 참석하였는가?

9. 전문용어 사용을 가급적 피하면서 가족과 의사소통할 수 있었는가?

10. 회의 시 가족이 정보를 이해하는지 점검하고 필요 시 정보를 수정하여 제공하였는가?

11. 구어적 · 비구어적 의사소통 방법이 일치하였는가?

12. 모든 사람이 쉽게 이해할 수 있게끔 정보가 제공되었는가?

13. 모든 가족구성원과 의사소통하였는가?

14. 가족이 정보를 처리하고 질문할 수 있도록 충분한 시간이 제공되었는가?

15. 가족이 요청할 시 웹사이트 정보와 기타 자료들이 제공되었는가?

 〈표 2〉 선정된 자료

서적
Barerra, I., Corso, R. M., & Macpherson, D. (2003). *Skilled dialogue: Strategies for responding to cultural diversity in early childhood*. Baltimore: Paul H. Brookes Publishing. 이 책은 문화적 역량 모델을 제시한다. 제1장과 제2장에서는 문화적으로 다양한 가족과의 관계형성 시 전문가가 당면하는 어려움과 능숙한 대화 모델에 대해 설명한다. 제3장에서는 구체적인 접근에 대해 설명한다.
Hanson, M. J., & Lynch, E. W. (2004). *Understanding families: Approaches to diversity, disability, and risk*. Baltimore: Paul H. Brookes Publishing. 이 책은 세 영역으로 나뉘는데, 첫 번째는 가족 다양성에 대한 설명과 그 다양성이 장애 아동 가족에게 미치는 영향에 대해 설명한다. 두 번째는 위험요인과 예방요인에 관한 내용이다. 마지막 영역은 하이라이트로서 가족과의 의사소통에 초점을 맞추고 있다.
Buckman, M. D. (1992). *How to break bad news: A guide for health care professionals*. Baltimore: Johns Hopkins University Press. 이 책은 개인과 가족에게 민감한 진단정보를 주로 제공하는 의료 관련 전문가에게 도움을 제공하기 위한 목적으로 집필되었다.

비디오

Chen, D., Chan, S., & Brekken, L. (Producers). (1999). *Conversations for three*. Videotape. Available from Brookes Publishing, Baltimore, MD.

비디오와 부록으로 딸린 토론책에서는 통역자와의 협력에 관한 추천실제가 제공된다.

논문 및 팸플릿

Educational Resources Information Center. (1991). Communicating with culturally diverse parents of exceptional children(Report No. E497). Reston: VA.(ERIC Document Reproduction Service No. ED333619).

논문의 복사본은 밴더빌트 대학 IRIS 센터에서 찾을 수 있다. 웹사이트 주소는 다음과 같다

http://iris.peabody.vanderbilt.edu/info_briefs/eric/ericdigests/ed333619.pdf

Pamphlet: Help your patients succeed: Tips for communication.
http://www.clearhealthcommunication.org/pdf/help-your-patients.pdf

Mueller, P. S. (2002). Breaking bad news to patients: The SPIKES approach can make this difficult task easier.
http://www.postgradmed.com/issue/2002/09_02/editorial_sep.htm

웹사이트

비치센터는 다양한 주제의 정보 및 자원을 제공한다.
http://www.beachcenter.org

가족중심 관리 기관은 의료전문가를 위한 자료를 제공한다.
http://www.familycenteredcare.org/

조지타운대학 아동 및 인간발달 센터의 지원을 받는 국립문화역량 센터는 전문가와 가족의 문화적 역량에 관한 폭넓은 자료를 제공한다.
http://www11.georgetown.edu/research/gucchd/ncc/

Partnership for Clear Health Communication at the National Patient
Foundation.
http://www.healthierus.gov/steps/2006Slides/C3/boles.html

의료 관련 전문가를 위한 정보 사이트

http://www.askme3.org/

http://www.pacer.org/publication/earlyChildhood.asp.
페이서 사이트에서는 가족과의 협력에 유용한 출판물을 제공한다.

http://www.clas.uiuc.edu
문화적·언어적으로 적절한 서비스에 관한 홈페이지에서는 다양한 가족과의
관계형성에 초점을 맞춘 출판물을 많이 제공한다.

참고문헌

American Academy of Pediatrics. (2003). Family-centered care and the
pediatrician's role. *Pediatrics, 112,* 691-696.

Bailey, D. B., & Powell, T. (2005). Assessing the information needs of
families in early intervention. In M. J. Guralnick (Ed.), *The
developmental systems approach to early intervention*(pp. 151-
184). Baltimore: Paul H. Brookes Publishing.

Berrera, I., & Corso, R. (2002). Cultural competence: A skilled dialogue.
Topics in Early Childhood Special Education, 22, 103-113.

Bensing, J. M., Kerssens, J. J., & van der Pasch, M. (1995). Patient-
directed gaze as a tool for discovering and handling psychosocial
problems in general practice. *Journal of Nonverbal Behavior, 19,*
223-242.

Blue-Banning, M., Summers, J. A., Frankland, H. C., Nelson, L. L., &

Beegle, G. (2004). Dimensions of family and professional partnerships: Constructive guidelines for collaboration. *Exceptional Children, 70,* 167-185.

Brady, S., Peters, D., Gamel-McCormick, M., & Venuto, N. (2004). Types and patterns of professional family talk in home-based early intervention. Journal of *Early Intervention, 26*(2), 146-159.

Brown, J. B., Stewart, M., & Ryan, B. L. (2003). Outcomes of patient-provider interaction. In T. L. Thompson, A. M. Dorsey, K. I. Miller, & Parrot. (Eds.), *Handbook of health communication.* Mahwah, NJ: Lawrence Erlbaum Associates.

Chaitchik, S., Kreitler, S., Shaked, S., Schwartz, I., & Rosin, R. (1992). Doctor-patient communication in a cancer ward. *Journal of Cancer Education,* 7, 41-46.

DiMatteo, M. R., Hays, R. D., & Prince, L. M. (1986). Relationship to physicians' nonverbal communication skill to patient satisfaction, appointment noncompliance, and physician workload. *Health Psychology, 5,* 181-594.

du Pre, A. (2000). *Communicating about health: Current issues and perspectives.* Mountain View, CA: Mayfield Publishing.

Gowen, J. W., Schoen, C. D., & Sparling, J. (1993). Information needs of parents of young children with special needs. *Journal of Early Intervention, 17*(2), 194-210.

Hadlow, J., & Pitts, M. (1991). The understanding of common health terms by doctors, nurses, and patients. *Social Science and Medicine, 32,* 193.

Hall, E. T. (1976). *Garden City,* NY: Anchor Press/Doubleday.

Hart, A., & Wyatt, S.(2004). The role of the internet in *patient-practitioner relationships: Findings from a qualitative study. Journal of Medical Internet Research, 6*(3), e36. Retrieved on

February 11, 2008, from http://www.jmir.org/2004/3/e36.

Jarrett, N., & Payne, S. (1995). A selective review of the literature on nursing-patient communication: Has the patient's contribution been neglected? *Journal of Advanced Nursing, 22,* 72-78.

Johnson, H. C., Renaud, E., Schmidt, D. T., & Stanek, E. J. (1998). Social workers' views of parents of children with mental and emotional disabilities. *Families in Society, 79*(3), 173-187.

Larsen, K. M., & Smith, C. K. (1981). Assessment of nonverbal communication in the parent-physician interview. *Journal of Family Practice, 12,* 481-489.

Ley, P. (1988). *Communicating with patients: Improving communication, satisfaction, compliance.* Chapman and Hall, London.

Lynch, E. W., & Hanson, M. J. (2004). *Developing cross-cultural competence: A guide for working with young children and their families.* Baltimore: Paul H. Brookes Publishing.

McCubbin, H. I. (1983). The family stress process: The double ABCX model of adjustment and adaptation. *Marriage and Family Review, 6*(1), 7-37.

McWilliam, R. A. (1992). *Family-centered intervention planning: A routine-based approach.* Tucson, AZ: Communication Skill Builders.

Mitchell, W., & Sloper, P. (2002). Information that informs rather than alienates families with disabled children: Developing a model of good practice. *Health and Social Care in the Community, 10*(2), 74-81.

Northouse, P. G., & Northouse, L. L. (1985). *Health communication: A handbook for health professionals.* Englewood Cliffs, NJ: Prentice.

O'Hair, H. D., Friedrich, G., & Dixon, L. (2007). *Strategic communication for business and the professions*(5th ed.). Botston: Houghton Mifflin.

Pendleton, D., Schofield, T., Tate, P., & Havelock, P. (1984). *The consultation: An approach to learning and teaching.* Oxford: Oxford University Press.

Robinson, J. D. (1998). Getting down to business: Talk, gaze, and body orientation during openings of doctor-patient consultations. *Human Communication Research, 25,* 97-123.

Romig, D. A. (1996). *Breakthrough teamwork: Outstanding results using structured teamwork.* Chicago: Irwin.

Roter, D. L., Frankel, R. M., Hall, J. A., & Sluyter, D. (2006). The expression of emotion through nonverbal behavior in medical visits: Mechanisms and outcomes. *Journal of General Internal Medicine, 21* (Suppl. 1), S28-S34.

Rupiper, M., & Marvin, C. (2004). Preparing teachers for family-centered services: A survey of preservice curricular content. *Teacher Education and Special Education, 27*(4), 384-395.

Sandall, S., Hemmeter, M. L., Smith, B., & McLean, M. (2005). *DEC Recommended practices: A comprehensive guide.* Missoula, MN: Division of Early Childhood.

Smith, P. M. (2003). *Parenting a child with special needs.* NICHCY News Digest 20, 3rd edition, Washington, DC: National Dissemination System for Children with Disabilities.

Smith, R. C., & Hoppe, R. B. (1991). The patient's story: Integrating the patient- and physician-centered approaches to interviewing. *Annals of Internal Medicine, 115,* 470-477.

Stewart, C. J., & Cash, W. B. (2008). *Interviewing: Principles and practices* (12th ed.). McGraw-Hill.

Street, R., & Buller, D. B. (1987). Nonverbal behavior patterns in physician-patient interactions: A functional analysis. *Journal of Nonverbal Behavior, 11,* 234-253.

Suchman, A. L., Markakis, K., Beckman, H. B., & Frankel, R. (1997). A model of empathetic communication in the medical interview. *Journal of the American Medical Association, 277,* 678-683.

Turnbull, A. P., Turbville, V., & Turnbull, H. R. (2000). Evolution of family-professional partnerships: Collective empowerment as the model for the early twenty-first century. In J. P. Shonkoff & S. J. Meisels (Eds.), *Handbook of early childhood intervention* (2nd ed., pp. 630-650). New York: Cambridge University Press.

Williams, D. (1997). *Communication skills in practice: A practical guide for health professionals.* London: Athenaeum Press.

Winton, P. J. (1988). Effective communication between parents and professionals. In D. B. Bailey & R. J. Simeonsson (Eds.), *Family assessment in early intervention*(pp. 207-228). Columbus, OH: Charles E. Merrill.

Wright, K., Sparks, L., & O'Hair, D. (2008). *Health communication in the 21st century.* Hoboken, NJ: Blackwell Publishing.

진단평가 도구로서의 영아 포트폴리오
시작 시의 고려사항

Michaelene M. Ostrosky, Ph.D.

SungYoon Lee, Ph.D., University of Illinois at Urbana-Champaign

Darcy Ehmen McMahon, M.S. Potomac Elementary School

지난 수년 동안 유아특수교육과 유아교육을 포함한 교육학 분야에서 진단평가와 책무성은 가장 폭넓게 논의된 두 가지 주제다[Arter, Spandel, & Culham, 1995; Division for Early Childhood(DEC)2007; Grace, Shores, & Brown, 1994; Hyson, 2002; Lankes, 1995; National Association for the Education of Young Children(NAEYC), 2003]. 부모들이 유아기 발달의 중요성을 점차 인식함에 따라 자녀의 요구를 충족시켜줄 수 있는, 발달에 적합하며 우수한 프로그램에 대한 요구 또한 증가하고 있다(Turnbull, Turnbull, Erwin, & Soodak, 2006). 그뿐 아니라, 장애 영유아 및 비장애 영유아를 돌보거나 교육하는 이는 자신의 프로그램을 지속적으로 평가하여 모든 아동이 새로운 기술과 지식을 반드시 습득하도록 해야 한다(DEC, NAYEC).

포트폴리오 개발은 영유아에게 유용하게 사용할 수 있는 진단평가 절차다(Gronlund & Eagel, 2001; Jarrett, Browne, & Wallin, 2006;

Thompson, Meadan, Fansler, Alber, & Balogh, 2007). 포트폴리오는 영유아의 성장발달을 점검하고 기록하는 방법으로서 유용하게 쓰인다. 유아교육 및 유아특수교육 현장에서 포트폴리오 진단평가를 실행하기 위해 노력하는 많은 전문가는 포트폴리오 진단평가의 장점 및 단점을 깨닫게 된다. 포트폴리오 관련하여 약간의 정보가 있고 영아에게 실시하는 방법에 대한 정보도 어느 정도 있으나 포트폴리오 사용에 관한 대부분의 정보는 유아 또는 그 이상의 연령대에 초점이 맞춰져 있다(Batzle, 1992; Campbell, Milbourne, & Silberman, 2001).

이 글의 목적은 영아 대상의 포트폴리오 사용에 관한 아이디어를 공유하는 것이다. 구체적으로, 영아에게 포트폴리오를 사용하는 목적에 대해 간단히 논한 뒤 조기중재에서 영아 대상 포트폴리오를 개발할 때 참조할 수 있는 네 단계를 설명한다. 또한 일반적으로 흔히 하는 질문들이 소개되고, 유아와 그 이상의 연령 대상 포트폴리오와 영아 대상 포트폴리오의 차이점이 강조된다.

포트폴리오는 어떤 목적으로 사용되는가

포트폴리오의 여러 목적에 대하여 다수의 연구자들이 논의하였다 (Brooks, 2003; Danielson, & Abrutyn, 1997; Gronlund, 1998; Jarrett et al., 2006). Gronlund와 Engel(2001)은 포트폴리오가 영아의 성장과 발달에 관한 정보를 어떻게 제공하는지, 교사와 조기중재자가 가족과 정보를 공유할 때 어떻게 사용되는지, 중재자가 개별화 교육과정을 계획할 때 어떻게 도움 되는지에 대하여 설명하였다. 포트폴리오는 진보 및 중재 성과 점검에 사용될 수 있기에 조기중재에 이상적으로 사용될 수 있다. 유아는 놀이 및 일상적인 상호작용에서 가장 편안하게 느끼므로 포트폴리오는 자연적 환경에서 아동의 강점을 상세하게 서술하는 데 사용될 수 있다.

또한 포트폴리오는 조기중재자가 자신의 강점과 약점을 분석하는 데에도 쓰인다. 예를 들어, 아동의 수행 결과물을 살펴보고 아동에 대해 동료와 대화하는 과정에서 중재자는 자신의 가르치는 방식을 평가하는 기회를 가지게 된다. 조기중재자 자신의 교육방식을 평가할 때 도움 되는 질문은 다음과 같다. 나의 목표는 무엇이며, 나의 환경에서 학습하는 영아의 목표는 무엇인가? 포트폴리오의 결과물이 나의 목표와 영아의 학습을 반영하는가? 모든 영아가 학습하는 모든 영역(예: 의사소통, 운동, 사회정서, 문제해결 기술)을 기록하고 있는가? 나는 개별 영아의 목표를 효과적으로 지원하고 있는가? 내가 사용하고 제안하는 자료와 활동은 다양한 능력을 가진 여러 영아가 적극적으로 참여하게 만드는가?

포트폴리오는 조기중재자, 가족구성원, 이외 팀 구성원이 한 팀으로서 아동의 진보를 점검하고 아동의 강점 및 약점을 평가할 수 있게 한다. 팀원들은 아동의 발달을 기록한 일화 기록 노트와 아동의 수행 결과물을 보면서 아동의 학습 내용과 학습 상황에 대해 자세하게 알게 된다. 예컨대, 가족구성원은 아동의 발달단계 또는 싹트는 기술에 대해 파악할 수 있다. 가족구성원은 다른 팀원들에게 아동의 진보를 나타내는 결과물(예: 가족이 야외소풍을 갔을 때 아동이 벤치 둘레를 돌아다니는 비디오나 사진)을 추가로 확인시켜 줄 수 있다. 조기중재자는 개별화 가족 서비스 계획 회의 이전에 포트폴리오의 정보를 검토하여 자신의 관찰을 지지할 수 있는 구체적인 예를 찾을 수 있다. 이외에 포트폴리오는 영아의 성장을 증명하는 기념품으로 가족에게 제공될 수도 있다.

마지막으로, 포트폴리오는 진단평가의 인가기준을 충족하는 데 사용될 수 있고, 조기중재 프로그램에 대한 관심을 가족에게 불러일으키는 방법으로도 사용될 수 있다. 따라서 포트폴리오는 다양한 사람들, 즉 영아, 가족구성원, 조기중재자, 그 외 전문가, 프로그램 관리자 등의 요구를 충족시킬 수 있다.

포트폴리오는 어떤 단계로 이루어지는가

추천실제에 따르면, 실제적이고 지속적이면서 문화적 · 민족적 · 언어적으로 반응적인 진단평가 방법의 중요성이 강조된다(Sandall et al., 2005). 조기중재에서 포트폴리오는 이러한 기준에 충족되는 진단평가의 한 가지 양식이다. 포트폴리오 과정에 관한 일반적인 정보를 다음에서 소개하는데, 이는 포트폴리오를 어떻게 시작하는지, 무엇을 수집하는지, 그리고 포트폴리오를 어떻게 구성하는지에 대한 내용을 포함한다. 영아 대상의 포트폴리오를 실행하기에 앞서, 포트폴리오 개발이 하나의 과정임을 기억하는 것이 중요하다. 마지막 결과물만을 생각하면 상당히 당황스러울 수 있다. 이제부터 소개하는 단계는 진단평가 목적으로 포트폴리오 시스템을 개발하는 체계가 될 것이다(Gronlund, 1998).

1단계: 영아 포트폴리오 구성하기

포트폴리오 과정을 시작하려면 각 영아별로 결과물을 보관 또는 수집하는 체계를 만드는 방법을 결정하는 것이 필요하다. 많은 조기중재자는 영아의 결과물을 모으고 정리하기 위해 파일박스나 바인더를 이용한다. 파일박스는 다양한 크기의 결과물을 모으기에 유용하지만 많은 공간을 필요로 할 수 있다. 바인더는 정리하기 쉽고 외관상 깔끔하며 휴대가 쉬운 반면에, 이 또한 공간을 많이 차지한다. 포트폴리오의 유형을 결정할 때 염두에 두어야 할 기준은 공간, 접근성, 비밀 유지, 그리고 기능성이다. 어떤 포트폴리오 체계를 선택할지 여부는 조기중재의 환경, 일정, 그리고 조기중재자의 선호에 따라 달라질 수 있다.

아동별로 결과물을 나누는 것에 덧붙여 각 아동의 포트폴리오 바인더나 파일 내의 정리도 매우 중요하다. 어떤 중재자는 시간대별로 결과물을 정리하는 것을 선호하는가 하면, 다른 이는 기술 유형에 따라 정리하기를 선호한다(예: 영아가 그린 것들, 양육자-영아의 상호작용 사진들). 영아 포트폴리오 작품들을 수집하는 방법으로 Gronlund와 Engel(2001)은, 다음과 같은 여섯 가지 발달영역에서 정보를 수집하기를 제안한다. ① 타인에 대해 관심을 보이는 것, ② 자기 자신을 인식하는 것, ③ 운동영역에서의 성취, ④ 의사소통하기, ⑤ 목적을 지니고 행동하고 도구

를 사용하기, ⑥ 감정을 표현하기 등이다. 각 영역에서 수집되는 정보는 사진, 동영상, 일화 기록, 녹음 내용, 영아가 그린 것들을 포함한다. 결과물에 주석을 달아두면 이해하기가 훨씬 쉽다(Gronlund, 1998). 다음의 예는 발달이 지체된 22개월 마리아가 교사에게 다가가는 사진에 첨부된 일화 기록이다.

마리아는 탁자 쪽으로 기어가 탁자를 잡고 몸을 일으켰다. 마리아는 방을 둘러보다가 다른 아이들과 함께 앉아 있는 교사를 발견하였다. 마리아는 교사를 쳐다보며 끙끙거렸다. 교사가 "마리아 안녕?" 하고 말하자, 마리아는 한 쪽 팔은 탁자를 잡은 채 다른 팔을 교사 쪽으로 뻗었다. "내게 오고 싶어? 음, 이리 와."라고 교사가 말했다. 마리아는 손을 탁자에서 떼며 교사를 쳐다보았다. 마리아는 잠시 비틀거렸으나 이내 오른발을 앞으로 조금 내밀었다. 그다음에는 왼발로 한 걸음을 내디뎠으나 아까보다 더 많이 비틀거리며 엉덩방아를 찧었다. 마리아는 울음을 터뜨렸으며 교사는 박수를 치며 격려하였다. 교사는 마리아에게 다가가 안아 주었다. 마리아는 울음을 그쳤다. (2008. 4. 2.)

일화 기록은 발달적 성취 외에도 영아가 선호하는 물건, 활동, 가족구성원, 그 외의 사람들에 대한 서술을 포함한다. 각 결과물마다 맥락 이해를 돕기 위해 다음과 같은 내용을 기록할 수 있다. 영아의 자발적인 행동, 교사주도의 활동, 영아에게 새로운 또는 익숙한 과제, 독립적인 수행, 성인의 도움이나 지원을 받은 수행, 노력의 양

76

(많은 노력, 약간의 노력), 걸린 시간 등이다.

영아 포트폴리오를 구성할 때 세 가지를 기억해야 한다. 체계적이어야 하고(각 결과물을 어디에서 찾고 보관해야 하는지), 기능적이어야 하며(포트폴리오 구성방식과 사용방식이 일치하는지), 만족스러워야 한다(가족과 팀원들이 소중하게 여기는 방식으로 제시되는지). 어떤 중재자는 각 결과물마다 정보를 타이핑하여 좀 더 전문적으로 보이게 하는가 하면, 어떤 이는 직접 손으로 적기도 한다. 어떻게 쓰던 간에 포트폴리오를 보는 사람이 편안하게 느끼도록 체계적인 양식을 갖추어야 한다.

2단계: 영아 포트폴리오 기록하기

포트폴리오의 초점과 양식이 결정되면, 영아발달의 기록이 시작된다. 기록을 시작하는 가장 좋은 방법은 하루 중 목격된 사건, 관찰된 상호작용, 영아가 참여한 활동 및 자료 등을 기록하기 용이한 기회를 찾는 것이다. 나중에 기록할 때 기억하기 쉽게 사진을 찍어두는 것도 좋다.

처음에는 포트폴리오에 무엇을 적어야 할지 결정하기가 쉽지 않으나 기록을 하다 보면 점차 쉬워진다. 포트폴리오에 포함되는 관찰 및 기록 날짜, 참여자, 상황에 관한 구체적인 내용 등이 기본적으로 제공되어야 한다. 그 외의 고려할 사항은 영아 가까이 있었던 또는 영아와 상호작용한 성인이나 또래, 반드시 알아야 할 주요 정보(이전의 상황, 기질, 새로운 기술, 이전 결과물과 다른 점)다. 일화 기록은 사건에 대하여 사실에 입각한, 무비판적인, 서술적인 정보를 제공한다. 일화 기록은 영아의 작품, 사진, 오디오테이프 등과 같은 분명한 근거를 포함할 수도 있고 포함하지 않을 수도 있다. 일화 기록에 대한 평가는 포트폴리오 과정의 뒷부분에서 이루어진다. 다음 예는 다운증후군을 가진 영아의 일화 기록이다.

> 18개월의 에릭은 블록 영역에 혼자 있었다. 에릭은 블록을 3층으로 쌓아 두었다. 24개월의 또래가 가까이 와서 에릭이 쌓아둔 블록을 발로 차면서 웃음을 터뜨렸다. 에릭은 또래를 쳐다본 뒤 자신도 웃기 시작하였다. 에릭은 다시 블록을 3층으로 쌓고서 또래를 쳐다보며 기다렸다. 또래는 에릭을 쳐다본 뒤 다시 한 번 블록을 발로 찼다. 두 아동은 함께 웃었다. 에릭은 2~5층의 블록을 계속 쌓았으며 또래가 발로 찰 때마다 웃었다. 이 활동은 또래가 찰흙영역으로 갈 때까지 8분 동안 지속되었고, 또래가 떠난 뒤에도 에릭은 계속해서 혼자 블록 쌓기를 하였다(2008. 2. 13.).

많은 중재자들은 일과 중 아동이 학습하는 것을 기록할 시간이 충분히 없다고 토로한다(Kleinert, Kennedy, & Kearns, 1999). 특히 영아학급 중재자들이 더 많이 불만을 토로하는데, 중재자가 영아와 계속해서 상호작용해야 하기 때문이라는 것이다. 그런데 식사시간, 기저귀 가는 시간, 수면시간, 놀이시간과 같은 일상적인 일과를 방해하지 않으면서 간단하게 메모하거나 사진을 찍어 두는 방법으로 기회를 만들 수 있다. 영아의 학습에 관해 일화 기록을 할 수 있는 최적의 시간은 아마도 낮잠시간이나 졸려하는 영아를 부드럽게 흔들어 주는 시간일 것이다. 메모지와 메모판을 항상 가까이에 준비해 두면 일화를 좀 더 효율적으로 기록할 수 있다. 아울러 중재자들이 서로 영아와의 상호작용을 카메라로 찍어 준다면 이 또한 도움이 될 것이다.

중요한 정보가 모두 수록된 포트폴리오를 모든 영아에게 제공하기 위해서는 계획이 필수적이다. 영아 관련 정보를 수집할 때는 분명한 목적과 의도가 있어야 한다. 중재자는 하루에 1~2명의 영아를 선정하여 기록할 수 있는 기회를 살펴볼 수 있다. 만약 이때, 다른 영아가 새로운 기술을 습득(예: 처음으로 수화를 시도하기, 독립적으로 앉기, 스스로 먹기)하는 것을 발견하면 이 또한 기록할 수 있다. 그런데 일화 기록의 횟수가 많을수록 반드시 더 많은 기술을 평가하는 것은 아니라는 점을 염두에 둘 필요가 있다. 일화 기록과 결과물의 질이 양보다 훨씬 중요하다.

3단계: 영아 포트폴리오에 대해 숙고하기

수집된 기록물을 정기적으로 점검하고 곰곰이 생각해 보는 것이 중요하다. 포트폴리오 과정에서 숙고하는 것(reflection)은 매우 중요한 부분이다. 중재자는 포트폴리오를 통해 영아가 이미 습득한 발달적 기술이나 싹트고 있는 기술을 파악하고 이해하며 개별 영아의 요구에 맞게 환경을 조절하는 아이디어를 얻게 된다. 영아의 발달을 상시적으로 점검하고 해석함으로써 영아가 진보하고 있는지를 신속히 확인할 수 있다.

영아별로 수집된 각 결과물에서 어떠한 학습이 이루어졌는지를 확인하기 위하여 중재자가 숙고할 문제가 몇 가지 있다. 〈표 1〉은 숙고용 질문을 샘플로 보여 주는 것이다. 숙고하기의 예는 다음과 같다.

〈표 1〉 숙고용 질문 샘플

- 영아가 이 활동 또는 행동을 보일 때 무엇을 하고 있었는가?
- 영아는 새로운 기술을 학습하고 있었나? 싹트는 기술을 연습하고 있었나? 또는 기술을 완벽하게 습득하였나?
- 이 행동 또는 활동은 영아의 연령대에서 흔히 볼 수 있는 것인가?
- 다음에는 어떤 기술을 살펴보아야 하는가?
- 미래의 활동을 계획하는 데 이 정보를 어떻게 활용할 수 있는가?

14개월의 잭은 엄마가 물리치료실을 나가자마자 베티에게 착 들러붙었다. 이는 잭이 분리불안에 적응하는 능력과 새로운 물리치료사에 대한 애착능력이 이제 막 시작되고 있음을 알려 준다(2008. 6. 24.).

Gronlund(2001)는 "결과물 옆에 교사가 적는 주석이 정보 제공에 있어서 핵심요인이 된다."(p. 9)고 주장하였다. 전문가는 자신이 무엇을 기록하려고 했는지, 왜 특정 결과물을 선택하였는지, 영아가 목표에 도달할 수 있게 도우려면 이 정보를 어떻게 활용해야 할지에 대해 곰곰이 생각함으로써 자신의 교수에 대해 비판적으로 사고하게 된다. 게다가 일화 기록과 그 외의 기록지를 꼼꼼히 살펴보고 숙고함으로써 중재자는 모든 아동의 요구를 충족시킬 수 있는 기회를 만들어 낼 수도 있다.

4단계: 영아 포트폴리오 체계 실시하기

처음에는 포트폴리오 체계를 실시하는 것이 상당히 어려운 일로 여겨질 수 있다. 그러나 시간이 흐르면 중재자는 어떤 것이 기록에 도움되고 효과적인지에 대해 터득하게 된다. 예컨대, 포트폴리오에 실을 만한 사진을 찾기 위해 몇 주에 한 번씩 무조건 사진을 찍기보다 구체적인 기술발달을 보여 주는 상황을 카메라로 찍는 것이 훨씬 효과적이다.

영아의 학습을 기록하는 다양한 방법(예: 비디오녹화, 오디오녹화, 메모)에 점차 중재자가 익숙해짐에 따라 분주한 조기중재 환경에서 손쉽게 기록하는 전략도 개발된다(상호작용을 기억하기 위해 짧게 메모하기, 영아가 새롭게 익힌 기술의 단계를 기록하기 위해 사진을 순서대로 여러 장 찍기, 영아의 학습에 대해 작성하고 숙고할 수 있도록 일과 중 일정한 시간을 찾아내기). 포트폴리오를 여러 해 사용하다보면 어떤 중재자는 스스로 전문가라 칭할 정도의 수준을 가진다. 포트폴리오 평가를 경험해 본 사람들과 대화를 나눔으로써 자신보다 경험이 많은 이들에게 도움을 받을 수 있다. Brooks(2003)는 서로 다른 수준의 포트폴리오 경험을 가진 전문가들로부터 피드백을 모아 보았다. 〈표 2〉는 포트폴리오 개발과 관련해 흔히 묻는 질문을 이들 전문가들로부터 모은 것이다.

〈표 2〉 자주 묻는 질문

자주 묻는 질문	답변
관찰하면서 일화 기록 양식에 무엇을 적는가?	일상적인 것과 특이한 것을 모두 적는다.
	새로운 활동과 색다른 활동을 적는다.
	특정 활동을 구체적으로 기록한다.
	영아가 사용한 어휘/표현/대화를 인용한다.
	활동에 참여하며 보낸 시간을 기록한다.
	관찰한 것을 시나리오로 적고 그 상황의 결과도 추적한다.
각 일화 기록은 얼마나 길게 쓰는가?	활동이나 행동이 충분히 설명될 정도로 쓴다.
	무엇이 일어났는지, 누가 관련되었는지를 설명하고 놀이나 행동을 구체적으로 쓴다.
	사진이나 미술 작품을 이용할 때 상세한 설명이 동반되어야 한다.
사용된 발달적 기술을 기록할 때, 영아가 이미 습득한 기술을 모두 적는가? 아니면 활동 중 영아가 경험하는 기술을 모두 적는가?	영아가 이미 습득한 기술과 습득하고 있는 기술을 기록한다.
	이야기 식으로 정보를 추가해 가면서 기록된 기술들을 설명한다.
부적절한 행동을 어떻게 기록하는가?	전문용어를 사용하여 발생한 사건을 기록한다.
	과장하지 않으면서 객관적으로 쓴다.
	영아의 강점을 강조하는 활동 및 행동에 관한 기록과 균형을 맞춘다.

오랜 기간 동안 성장이 없거나 변화가 매우 적을 때 무엇을 기록하는가?	반복적인 내용이라도 아동이 하고 있는 것을 증명하는 결과물을 계속해서 수집한다.
	어떤 기술발달(예: 또래와 협력적으로 상호작용하기)은 천천히 습득되는 것처럼 보이므로 인내심을 가진다.
	가정이나 그 외 자연적 환경에서 영아의 성장을 확인할 수 있는 부모와 가깝게 지낸다.
결과물이 어느 발달영역에 속하는지 어떻게 결정하는가?	내가 관찰한 활동 및 행동이 어느 발달영역에 가장 가까운지 자신에게 물어 본다.
	전문가적 판단을 하고 팀원들과 논의하여 결정한다.
한 영아의 포트폴리오에 대한 책임은 한 중재자가 일관되게 져야 하는가?	프로그램에서 결정할 사안이다.
	한 사람의 관점이 아니라 여러 사람의 관점이 제공하는 이점을 고려한다.
	프로그램의 구성원과 철학에 따라 융통성 있게 한다.
수집한 자료를 어떻게 정리하며 여전히 필요한 것을 어떻게 결정하는가?	이는 개인의 선택이다.
	모든 직원이 쉽게 이용할 수 있는 장소에 파일박스를 두는데, 영아의 손이 미치지 못하는 곳에 두어야 한다. 매일 결과물을 모으고 이를 영아의 파일에 보관한다.
	파일의 각 발달영역별로 수집된 것들의 목록을 만들고 주말마다 새롭게 추가된 것들을 목록에 기입한다.
	영아의 결과물이 좀 더 필요한 발달영역이 무엇인지 파악하기 위해 영아의 파일을 점검하면서 한 달간 자료를 수집한다.

	매달 초에 필요한 만큼의 일화 기록의 빈 양식을 모아 빈 양식에 영아의 이름들을 적어 둔다. 매일 일과 후 관찰 내용이 적힌 양식은 결과물과 함께 영아의 파일에 보관한다.
포트폴리오 만드는 시간을 줄일 수 있는 방법이 있는가?	구성체계를 잘 만드는 것이 가장 중요하다.
	무엇이 수집되어 있고 어떤 활동이 관찰되어야 하는지를 알면 관찰과 결과물 수집이 좀 더 용이해진다.
	포트폴리오에 필요한 결과물을 확실하게 얻을 수 있는 활동을 때때로 준비한다.
	포트폴리오를 구성하고 관찰 및 기록하는 기술은 경험이 쌓이면서 향상될 것이며 시간과 노력도 덜 들 것이다.
각 포트폴리오에는 몇 개의 결과물이 필요한가?	정해진 규칙은 없다.
포트폴리오에 기재하는 것은 컴퓨터로 작성해야 하나?	필수적인 것은 아니지만, 깔끔하고 정확한 문법, 문장 부호, 문장 구조 등은 필요하다.
효과적인 가족-전문가 동반자 관계를 만드는 방법은 무엇인가?	부모가 포트폴리오에 기여할 수 있는 기회를 제공하고, 정보를 구성하고 전시하는 방법에 대해 조언한다.
	포트폴리오가 구성되는 방식을 부모와 팀원들에게 보여 주고, 발달영역을 설명하고, 특정 결과물에 대한 관심을 공유한다.
	영아의 발달을 요약한 것을 가족에게 보여 준다.
	진보가 많이 일어난 영역에 대해 토론하고 계속적인 성장을 지원하는 제안을 한다.
	질문할 수 있는 시간을 제공하고 가정에서 관찰한 내용에 귀를 기울인다.

팀 회의 및 프로그램 계획에 포트폴리오가 어떻게 사용될 수 있는가?	팀원들이 포트폴리오를 회의에 가져와 영아의 강점 및 관심영역에 대해 논의할 때 특정 결과물을 사용할 수 있다.

출처: Brooks, J. D., & Trouch, D. (2003). *Developmental portfolios: A guide to informal, observational assessment of children's developmental progress.* Unpublished manuscript. University of Illinois at Urbana-Champaign.

영아 포트폴리오와 유아 포트폴리오 간에 차이가 있는가

영아용 포트폴리오와 유아용 포트폴리오 간에 차이가 있는지를 묻는다면 그 답은 '예와 아니요' 두 가지다. 일반적으로 완성된 포트폴리오는 유사해 보이고 유사한 내용으로 채워져 있다. 그러나 영아와 유아는 발달적 차이가 있기 때문에 포트폴리오에 담긴 정보 또한 달라진다. 영아와 유아가 보이는 차이의 예를 들면 이들은 학습하는 내용과 방법이 다르고 자신의 지식을 의사소통하는 방법 또한 다르다. 이러한 차이는 전문가가 포트폴리오에 정보를 수집하는 방식에 영향을 미친다.

아동의 학습방법의 차이

출생 이후 아동은 자신을 둘러싼 환경을 탐색하고 상호작용하면서 정보를 수집한다. 자신의 감각, 기술, 경험을 이용하여 새로운 정보를 축적한다. 특별한 요구를 지닌 아동은 이러한 탐색과 상호작용 유형이 다소 다르게 나타날 수 있다(예: 눈이 보이지 않는 영아는 새로운 물건을 탐색하기 위해 자신의 입으로 가져가는 경향이 있다).

유아는 새로운 지식의 의미를 알기 위해 과거 경험에 의존하고 추상적으로 사고하기 시작하는 반면에, 영아는 구체적인 경험을 필요로 한다. 영아를 위한 포트폴리오란 영아가 환경의 사람이나 자료와 상호작용하는 것을 조기중재 제공자가 해석함으로써 영아의 학습을 기록하는 것이다.

아동이 학습하는 내용의 차이

영아 포트폴리오를 만들 때 전문가는 전형적 발달과 비전형적 발달에 대해 지식이 충분해야 한다. 예를 들어, 신체적 장애나 인지적 지체가 없는 영아일지라도 의사소통 발달이 또래보다 뒤처질 수 있음을 조기중재자는 인식해야만 한다. 전형적 발달에 관하여 충분한 이해가 없을 경우 영아의 발달을 점검하거나 영아가 가진 기술과 지식을 평가하는 것이 불가능하다. 그리고 전문가는 장애의 특성을 이해해야 하며, 같은 장애를 가졌더라도 영아의 운동, 의사소통, 자기관리, 인지능력이 서로 다른 방식으로 영향을 받을 수 있고, 장애 상태에 따라 서로 다른(혹은 가끔은 유사한) 방식으로도 영향을 받을 수 있다는 것을 인지해야 한다. 예컨대, 뇌성마비를 가진 모든 영아가 같은 운동발달을 보이지는 않으므로 서로 다른 보완, 교수, 치료를 요한다(따라서 포트폴리오의 내용도 달라진다). 어떤 영아는 팔과 손 주위의 운동장애로 인해 섭식과 같은 자기관리가 강조되는 반면, 다른 영아는 다리근육과 대근육운동 문제로 인해 바깥에서 달리기와 같은 기술이 강조될 수 있다.

아동은 일반적으로 첫 3년 동안 걷기, 말하기, 또래 상호작용 시작하기 등을 포함한 많은 발달적 과업을 성취하게 된다. 영아기는 초기 기술의 발달이 시작되는 시기인 반면, 유아기는 기술을 능숙하게 만들고 이전에 학습하였던 기술 토대 위에 새로운 기술을 쌓는 시기다. 예를 들어, 영아는 소리를 만들고 반복하는가 하면, 유아는 어휘를 만들고 단어의 의미를 학습한다. 영아는 또래와 공유하고 함께 노는 것을 배우기 시작하는 반면에 유아는 또래와의 상호작용을 유지하기 위해 다양한 전략을 사용하기 시작하고 분노와 갈등을 해결하는 전략을 사용하기 시작한다.

한 아동이 알고 있는 것 또는 알지 못하는 것은 때때로 행동으로 나타난다. 관찰력이 뛰어난 조기중재자는 이러한 행동을 간파하고 이를 해석한다. 예를 들어, 자신의 공간에 들어온 또래에게 말로 표현하는 방법을 모르는 영아는 또래를 물어 버릴 수 있다. 혹은 자신의 손을 통제할 수 있음을 인식하는 영아는 팔을 뻗어 모빌을 잡을 수 있다. 추가로 영아가 기

어서 교사로부터 멀어진다면 이는 영아의 대근육 능력과 정서적 능력을 증명하는 것일 수 있는데, 영아가 성인으로부터 멀어져도 자신이 충분히 안전하다는 인식을 하는 것으로 해석할 수 있다.

아동이 자신의 지식과 기술을 의사소통하는 방식의 차이

영아는 자신의 감각을 이용하여 환경을 탐색하는 데 상당한 시간을 보낸다. 지식과 기술을 습득함에 따라 영아는 새로운 것들을 시도하려 한다. 예를 들어, 8개월 영아는 천으로 만든 책을 집고, 이를 흔들어 보고, 응시하고, 다른 손으로 잡아보고, 얼굴에 가까이 대어 보고, 입에도 대어 본다. 성인은 아동이 무엇을 생각하고 있는지를 정확하게 알 수는 없으나 영아가 다양한 기술을 보이고 있음은 분명하다.

의사소통이 의미를 지닌다는 사실과 의사소통으로 환경에 영향을 미칠 수 있다는 사실을 영아가 알기 시작하면 이들이 목적을 지닌 채 의사소통 방식을 교묘하게 사용한다는 것을 관찰력이 뛰어난 중재자는 알아차릴 것이다. 영아가 의사소통하는 방식은 다양한데, 구어적 형태(예: 옹알이, 소리, 단어), 비구어적 형태(예: 얼굴표정, 제스처, 가리키기, 손뼉 치기, 수화, 손을 뻗기, 때리기) 등을 포함한다. 장애유무에 상관없이 영아가 어떻게 학습하는지를 알기 위해서는 영아가 세상과 상호작용하는 방식을 유심히 관찰하는 것이 중요하다.

결 론

영아 포트폴리오 체계를 실시할 때, 가장 중요한 요소 중 한 가지
는 관계다. 영아가 애착, 독립성, 자기인식을 배워 나갈 때 바로 관
계가 영아를 지지한다. 이렇게 관계에 초점을 맞춤으로써 조기중재
자는 각 영아를 개인으로 이해할 수 있다. 개별 영아에 대한 지식 없
이는 어떤 기술이 새로운 것인지, 싹트는 것인지, 숙달된 것인지 알
길이 없다. 포트폴리오는 바로 학습자로서의 아동을 그리는 초상화
라 할 수 있고 시간의 흐름에 따라 아동의 학습에 대한 이야기를 들
려준다(Meisels, Dichtelmiller, Jablon, Dorfman, & Marsden, 1997).

포트폴리오가 가진 다양한 측면에 관한 정보는 여러 곳에서 얻을
수 있음에도 불구하고, 영아 전문가들에게는 정보가 제한되어 있다.
Gronlund(1998)는 제안하길, 관리자와 조기중재자가 자신의 학습
과정을 인식할 필요가 있다고 한다. 포트폴리오 평가는 여러 가지
결정을 포함한다. 무엇이 가장 중요한 정보인지 아는 것, 어떤 학습
목표가 가장 쉽게 기록되는지를 터득하기까지 시간이 걸리고 연습
이 필요하다. 영아 평가 도구로서 포트폴리오가 가진 강점은 상당히
많다. Jarrett과 그의 동료(2006)에 의하면, 영아 포트폴리오는 진단
평가의 추천실제에 적합하고 Neisworth와 Bagnato(2005)가 밝힌
우수한 유아기 진단평가의 여덟 가지 주요 지표를 모두 따른다. 포
트폴리오는 조기중재자를 비롯한 많은 전문가가 돌보는 영아의 학
습과 발달을 기록하기에 좋은 방법이다.

주 💡

교신저자: Micki Ostrosky(ostrosky@illinois.edu)

참고문헌 💡

Arter, J. A., Spandel, V., & Culhan, R. (1995). *Portfolios for assessment and instruction.* Greensboro, NC: ERIC Document Reproduction Services, ED388890.

Batzle, J. (1992). *Portfolio assessment and evaluation: Developing and using portfolios in the K-6 classroom.* Cypress, CA: Creative Teaching Press.

Brooks, J. D., & Trouch, D. (2003). *Developmental portfolios: A guide to informal, observational assessment of children's developmental progress.* Unpublished manuscript. University of Illinois at Urbana-Champaign.

Campbell, P. H., Milbourne, S. A., & Silverman, C. (2001). Strengths-based child portfolios: A professional development activity to alter perspectives of children with special needs. *Topics in Early Childhood Special Education, 21*(3), 152-161.

Danielson, C., & Abrutyn, I. (1997). *An introduction to using portfolios in the classroom.* Alexandria, VA: Association for Supervision and Curriculum Development.

Division for Early Childhood (2007). *Promoting positive outcomes for children with disabilities: Recommendations for curriculum, assessment and program evaluation.* Retrieved June 15, 2008, from http://www.decsped.org/pdf/positionpapers/Prmtg_Pos_Outcomes_Comapnion_Paper.pdf.

Grace, C., Shores, E. F., & Brown, M. H. (1994). *The portfolio and its use as a developmentally appropriate assessment of young children.* Little Rock, AR: Southern Early Childhood Association.

Gronlund, G. (1998). Portfolios as an assessment tool: Is collection of work enough? *Young Children, 53*(3), 4-10.

Gronlund, G., & Eagel, B. (2001). *Focused portfolios as a complete assessment for the young child.* St. Paul, MN: Redleaf Press.

Hyson, M. (2002). "Huh?" "Eek!" "Help": Three perspectives on early childhood assessments. *Young Children, 57*(1), 62-64.

Jarrett, M. H., Browne, B. C., & Wallin, C. M. (2006). Using portfolio assessment to document developmental progress of infants and toddlers. *Young Exceptional Children, 10*(1), 22-32.

Kleinert, H. L., Kennedy, S., & Kearns, J. F. (1999). The impact of alternative assessments: A statewide teacher survey. *Journal of Special Education, 33*, 92-102.

Lankes, A. M. D. (1995). *Electronic portfolios a new idea in assessment.* Syracuse, NY: ERIC Clearinghouse on Information & Technology, ED390377.

Meisels, S., Dichtelmiller, M., Jablon, J., Dorfman, A., & Marsden, D. (1997). *Work sampling in the classroom: A teacher's manual.* The Work Sampling System. Ann Arbor, NI: Rebus.

National Association for the Education of Young Children (NAYEC). (1998). *Accreditation criteria & procedures of the National Association for the Education of Young Children-1998 edition.* Washington, DC: Author.

National Association for the Education of Young Children (NAYEC). (2003). *Early childhood curriculum, assessment, and program evaluation: A joint position statement of the National Association for the Education of Young Children and the National Association* of *Early Childhood Specialists in State Departments of Education*. Retrieved June 15, 2008, from http://www.naeyc.org/about/positions/pdf/Stand1CurrAss.pdf.

Thomson, J. R., Meadan, H., Fansler, K. W., Alber, S. B., & Balogh, P. A. (1007). Family assessment portfolios: A new way to jumpstart family/school collaboration. *Teaching Exceptional Children, 39*(6), 19-25.

Thrunbull, A., Turnbull, R., Erwin, E. J., & Soodak, L. C. (2006). *Families, professionals, and exceptionality* (5th ed.). Upper Saddle River, NJ: Merrill Prentice Hall.

명백한 변화이론에 따른 가정방문

Kere Hughes, Ph.D.,

Carla A. Peterson, Ph.D., Iowa State University

가정방문자 사라는 눈물을 흘리면서 자넷의 사무실로 들어왔다. 사라의 상관인 자넷은 무슨 일인가 하며 사라에게 앉기를 권유하고 이야기해 보라고 하였다. 사라는 어느 정도 진정되자 말하기 시작하였다. 사라가 가정방문을 하는 제이슨에 관한 이야기였다. 제이슨이 Part B 유치원 프로그램으로 옮겨가기 전 마지막 가정방문을 오늘 실시하였다. 사라가 가정방문을 마치고 제이슨의 집을 나서려 하자, 제이슨의 어머니가 사라에게 질문을 하였다. "제이슨에게 새로운 것을 가르치는 방법을 내게 알려 줄 수 있어요? 나는 제이슨이 취학준비가 되기를 바랍니다." 사라는 오열하며, "어머니에게 무슨 말을 해야 할지 몰랐어요. 내가 지난 2년 동안 한 달에 두 번씩 방문하여 한 것이 바로 그 준비인데, 지금까지 어머니에게 교수전략들을 시범 보였는데, 어머니가 마지막 날 그렇게 묻다니요!" 사라와 자넷은 둘 다 당황스러웠다. "사라가 어머니와 매우 밀접한 관계를 유지했다는 것은 나도 아는 사실이고, 제이슨도 당신을 정말 좋아했어요."라고 자넷은 위로하였다. "나도 그렇게 생각했어요."라고 사라는 말했다. 사라가 기억하기에, 자신이 가정방문을 하였을 때 제이슨의 발달에 대해 어머니와 많은 이야기를 나누었으며 근거중심의 교수전략을 사용하여 제이슨과 상호작용하였다. 그리고 굳이 하지 않아도 되지만, 일부러 시간을 내어 제이슨에게 도움이 될 만한 사람들과 장소를 찾아다닐 정도로 열심히 하였는데, 어머니로부터 그러한 질문을 받자 사라는 도대체 자신이 무엇을 잘못한 것인지 알 수 없는 패닉에 빠졌다.

이와 같은 시나리오는 가정방문 시 우리가 무엇을 해야 하는지, 어떻게 해야 하는지, 그리고 가장 중요한, 왜 하는지에 대해 명확한 초점이 맞춰져 있지 않을 때 흔히 겪을 수 있는 상황이다. 가정방문이란 특정 중재모형이 아니라 서비스 전달의 한 가지 방법이다. 가정방문 프로그램은 긴 역사를 가지고 있으며, 가족에게 다양한 지원을 서로 다른 이유에 의해 제공하며 폭넓게 사용된다(Gomby, Culross, & Behrman, 1999).

Part C 프로그램은 특별한 요구를 가진 유아의 가족에게 조기중재 서비스를 제공하며, Part C 프로그램에 참여하는 가족의 80% 이상이 가정방문 서비스를 받는다(Bailey, Scarborough, & Hebeler, 2003). 부모가 교사가 되도록 훈련하는 프로그램은 주로 부모-자녀 상호작용과 학교 준비에 초점을 맞춘다(Wagner & Clayton, 1999; Wagner, Spiker, & Linn, 2002). 헤드스타트 프로그램은 빈곤가정의 유아를 대상으로 다양한 목적을 달성하는 데 초점을 맞추며(Raikes et al., 2006), 어떤 프로그램(예: 건강한 미국가정)은 아동학대와 같은 매우 구체적인 목적을 가진다(Daro & Harding, 1999). 그런데 프로그램의 목적이 가족의 목적을 달성하기 위한 구체적인 전략에 반드시 영향을 미치는 것은 아니다.

가정방문 프로그램에 대해 우리가 알고 있는 것

가정방문 프로그램에 대해 20년 이상 평가하여 밝혀진 바를 살펴보면, 가정방문 프로그램의 효과에 대해 몇 가지 증거를 찾을 수 있다. 전반적으로 비슷한 가정을 비교했을 때, 가정방문 서비스를 받지 않은 가정보다 서비스를 받은 가정의 결과가 나은 것으로 밝혀졌다(Sweet & Appelbaum, 2004). 그러나 가정방문 프로그램의 전체적인 효과는 엇갈렸는데, 크기와 범위는 적당한 반면에(Gomby et al., 1999), 간혹 특정 집단(예: 10대 엄마)에게 제한되었다. 안타깝게도, 가족의 요구를 충족하기 위해 가정방문 서비스를 어떻게 개별화하였는지에 대해 밝혀진 바는 매우 적으며, 가정방문 서비스의 구체적인 양상 간의 관계와 중재의 성과에 대해서도 정보가 제한되었다(Peterson, Luze, Eshbaugh, Jeon, & Kantz, 2007).

가정방문 프로그램을 통해 부모의 지식과 기술이 증진되고 양육 관련 태도가 향상되고 부모 자신의 행복감이 향상되었다는(예: 우울증 감소, 추가출산의 감소 및 지체, 교육증대) 결과도 일부 있다(Brooks-Gunn, Berlin, & Fuligni, 2000; Olds, Kitzman, Cole, & Robinson,

1997). 또한 아동 관련 긍정적인 성과를 밝힌 가정방문 프로그램도 있다(Butz et al., 2001; Heinicke et al., 2001; Olds et al., 2002). 헤드 스타트 프로젝트를 통해 가정방문 서비스를 받은 가족 중 가족 관련 이슈나 관계발달보다 아동발달에 초점을 맞추고 일관성 있게 실행 된 프로그램에 참여한 가족에서 아동에 대해 훨씬 더 긍정적인 성과 가 나타났다(Love et al., 2005; Raikes et al., 2006). 특히 위기의 엄 마들(예: 10대 엄마, 교육수준이 낮은 엄마)의 경우, 가정방문자가 엄마 및 아동과 동시에 상호작용할 때 참여도가 더 높은 것으로 보고되었 으나 극히 일부 가정방문에서만 발견된 부분이다(Peterson et al., 2007).

가정방문 프로그램에 참여하는 가족은 평균적으로 계획된 가정방 문 서비스의 약 절반 정도를 받는 편이고 20~67%의 가족이 중도 탈 락한다(Gomby et al., 1999). 중도 탈락하는 가족은 참여의 이점을 못 느끼는 것으로 보고된다(Roggman, Cook, Peterson, & Staerkel, 2008). 연구자들과 중재자들이 공통적으로 지적하는 점은 바로 가족 의 참여가 저조하고 조기 탈락하는 이유가 프로그램이 가족에게 적 합하지 않거나 의미가 없기 때문이라는 것이다(Gomby, 2007).

변화이론

잘 설명된 변화이론(theory of change)은 프로그램의 목적을 구체 화하며 프로그램의 성과도 구체적으로 만든다(Weiss, 1995). 다시 말하자면, 변화이론은 특정 프로그램 활동참여가 특정 목적에 도달하는 방법을 설명하고, 특정 목적을 향해 가는 동안 프로그램 종사자와 참여자가 상호작용하는 방법을 설명한다. 오늘날 대부분의 가정방문 프로그램은 가족중심과 문화적으로 반응적인 철학을 수용한다. 그래서 조기중재자는 가족구성원과 협력하고 아동발달을 촉진하는 데 필요한 가족의 요구를 지원하기 위해 노력한다. 이러한 접근의 기저를 이루는 변화이론이란 일상적인 일과 중에 발생하는 다정하고 반응적인 부모-자녀 상호작용이 최적의 학습기회를 제공한다는 것이며, 조기중재가 부모-자녀의 상호작용을 촉진함으로써 아동의 발달을 간접적으로 촉진한다는 것이다. 중재자가 부모-자녀 상호작용을 지원하면서 동시에 개별화 목표와 관련된 특정 학습전략을 사용할 수 있도록 돕는 중요한 도구로써 코칭 전략(coaching strategies)이 유용하다(Hanft, Rush, & Shelden, 2003).

변화이론은 다양한 프로그램 활동의 지침이 되는 유용한 도구다. 예를 들어, 교직원 채용, 훈련 및 지원, 가족과의 상호작용, 대내외 평가, 감독기관에 제출할 보고서 등의 지침이 된다. 그런데 많은 가정방문 프로그램에서는 뚜렷한 변화이론이 결여된 상태로 프로그램을 운영하며 프로그램 관계자들은 서로 다른 비전을 가진 채 협력 또한 원활하지 않다. 예를 들어, 프로그램 이사회 임원은 가정방문자가 가족의 스트레스 저하를 위해 노력해야 한다고 생각하는 반면에, 프로그램 코디네이터는 아동발달에 대한 성과를 강조하고, 가정방문자는 부모가 안전한 가정을 유지하는 능력을 향상시킬 것을 강조할 수 있다. 이들 모두가 적절한 목적 및 활동이 될 수 있으나 프로그램 목적과 중재활동, 그리고 직원훈련 및 기술적 보조 간의 조화를 프로그램에서 점검하는 것이 유용하다. 추가로 가족의 목표와 프로그램의 활동이 조화를 이루도록 프로그램 교직원은 가족과 항상 협력해야 한다. 이러한 노력 없이는 프로그램이 원래 설계대로 진행될 수 없으며 프로그램의 효과도 위축되고 가족의 중도 탈락이 발생할 수 있다(Gomby, 2007). 이와 같은 정보에 비추어, 앞의 사례를 자세히 살펴보기로 한다.

유아특수교육 교사인 사라는 특별한 요구를 가진 영아의 가정을 방문하는 업무를 수행한다. 과거 수년 동안 사라는 영아가 자연적 환경에서 참여하는 것의 중요성에 대해 배웠으며 영아의 일상적인 일과 속에서 학습기회를 제공하려고 노력해 왔다(Dunst et al., 2001). 사라와 어머니는 다른 팀원들과 함께 제이슨의 개별화 가족 서비스 계획(IFSP)의 목표를 개발하였다. 예를 들어, 움직임을 증대시켜 궁극적으로 걸을 수 있도록 근력과 균형을 습득하는 것이 하나의 장기 목표다. 그리고 사라와 어머니는 이 목표를 달성하기 위해 중재전략을 적용할 수 있는 일과를 함께 확인하였다. 구체적으로, 가족이 거실에서 쉬고 있을 때 제이슨이 자유롭게 움직일 수 있는 공간과 기회를 제공하는 시간대는 저녁이라는 사실에 대해 두 사람은 동의하였다. 또한 어떤 놀이기회가 제이슨의 근력과 균형기술 개발에 도움이 될 수 있을지도 함께 논의해서, 길 건너 공원에 있는 그네 타기 또는 그네 주위를 걸어가기 등의 기회를 이용하기로 하였다.

사라는 두 달에 한 번씩 가정방문을 실시하였고 방문시간은 보통 1시간가량 소요되었다. 매 방문 시 사라는 예의를 갖추어 인사한 뒤 제이슨의 발달에 대한 어머니의 인식을 알아보고, 현재 상황에서 어머니가 특별히 가진 고민이 있는지를 확인하는 것에 초점을 맞추어 대화를 하였다. 사라는 구체적으로 제이슨이 무엇을 하고 있으며 어

뗗게 느끼는지를 물었다. 이렇게 어머니와 초기대화를 마친 후, 사라는 제이슨과 함께 긍정적이며 아동주도적인 활동을 하면서 어머니에게 적절한 교수전략을 시범 보였다. 사라는 또한 제이슨의 식사시간과 착·탈의 시간과 같은 일과활동에도 같이 참여하였다. 어머니는 사라가 제이슨과 상호작용하는 모습을 면밀히 관찰하였으며 가끔 가족 관련 이슈에 대해서도 대화하였다. 매번 가정방문 때마다 사라는 가족의 IFSP에 있는 움직임 관련 장기목표와 연관된 학습기회를 제공하는 것을 강조하였다. 가정방문을 마칠 때마다 사라는 어머니에게 질문이 있는지를 확인하였고 다음 방문일정을 상의하여 결정하였다.

이와 같은 가정방문이 이루어지는 동안 긍정적인 변화가 많이 발생하였으며 어머니가 제이슨에게 학습기회를 제공할 수 있다고 사라는 확신하였다. 그런데 안타깝게도 효과적인 가정방문에 관한 주요 요인들이 여기에는 존재하지 않았다. 이러한 상황에 깔린 문제점은 조기중재 과정에서 사라와 어머니에게 지침이 될 만한 변화이론이 명확하게 인식되지 않았다는 점이다.

중재의 전이

조기중재의 추천실제의 핵심은 변화의 일차적인 주체가 조기중재자가 아니라 부모와 양육자라는 인식이다. 앞의 설명과 같이, 자연적 환경에서 서비스를 제공하는 접근의 지침이 되는 변화이론은 가정방문 중 그리고 가정방문 사이의 기간 동안 중재자가 부모에게 정보를 제공하고 부모가 자원에 접근할 수 있게 돕고 적절한 학습기회를 파악하고 부모가 자녀와 효과적으로 상호작용하도록 촉진하는 등의 간접적인 역할을 하는 것이다. 이러한 접근은 다수의 연구에 바탕을 두는데, 이들 연구에서 밝혀진 바는 아동이 기술을 습득하고 연습할 수 있는 기회가 일상적으로 다양한 맥락 또는 장소에서 일어난다는 사실이다(Dunst, Hamby, Trivette, Raab, & Bruder, 2000; Dunst et al., 2001). 이렇게 부모에게 중재가 전이(transfer of intervention)되는 것은 중재자들에게는 상대적으로 새로운 개념이며 중재방식의 변화를 의미할 수 있다. 게다가 많은 중재자들이 가족을 만나는 장소는 부모-자녀 상호작용이 항상 반응적으로 이상적으로 발생하는 곳이 아니다. 이렇게 이상적이지 않은 가족과 만나면서 중재자가 당면하는 어려움에 대처할 수 있는 지식과 기술을 습득하기 위해 중재자는 정신건강 전문가의 도움을 필요로 할 수도 있다.

사라와 자넷은 대화를 계속하면서, 자신의 프로그램이 가족중심이며 자연적인 실제라는 사실을 확인한다. "부모와 내가 함께 아동에게 중요하다고 여기는 학습기회를 제공할 수 있도록 가족을 돕는 것이 내가 할 일이라는 것을 확신합니다."라고 사라는 말한다. "그런데 내가 어떻게 말해야 하는지 혹은 어떻게 다르게 해야 하는지를 잘 모르겠어요. 나는 일상적인 일과에 초점을 두고 가정에 있는 장난감과 가정용품을 사용하며 IFSP의 장단기 목표에 있는 전략들을 확실하게 사용하기 위하여 많은 노력을 기울입니다. 내가 이렇게 노력함에도 불구하고 왜 이것이 효과가 없는지 이해가 안 됩니다. 부모는 이해하기를 마치 거부하는 것 같습니다."라고 사라는 말한다. 사라가 프로그램의 변화이론을 가족에게 좀 더 명확하게 적용할 수 있고 부모가 일과 중 자녀를 위한 학습기회를 제공하는 데 도움 되는 구체적인 전략을 사라와 자넷은 함께 찾아보기로 한다. 사라와 자넷은 영아를 위한 추천실제에 대한 문헌을 조사하면서, 자연적이면서 일과 중심의 서비스를 제공하는 것에 대한 여러 유용한 문헌을 찾게 된다.

앞에서 사라와 자넷이 찾은 논문들은 아동에게 유의미한 경험을 제공하고 일상적인 일과에 근거한 IFSP 장단기목표를 작성하기에 적합한 일과를 찾는 데 도움 되는 방법을 논한다(Woods, Kashinath, & Goldstein, 2004). 이와 같은 정보가 사라에게 생소한 것은 아니다. 사라가 이미 가족에게 하고 있는 많은 것들이 논문에서 발견된다. 그런데 문헌에서 사라와 자넷이 발견한 것은 부모에게 중재 전이를 명확하게 하는 데 필요한 주요 요소들이었다. 이 요소들은 가정방문 시에 우선적으로 부모가 적극적으로 참여하게 하고 성인대상의 학습전략을 사용할 것을 강조한다. 사라는 자신이 이러한 점을 소홀히 했다는 사실을 깨달았다. 여느 조기중재자와 마찬가지로 사라도 성인 대상의 학습전략에 대해 한 번도 훈련을 받은 적이 없었으며 부모를 가르치는 것에 대해 약간의 불편함도 느꼈다. 중재 전이를 명확하게 하기 위해서는 부모와 협력적으로 사용할 수 있는 구체적인 전략이 매우 중요하다.

일상에서 자녀가 학습할 수 있는 기회가 매우 많다는 사실과 자녀의 발달을 돕는 데 부모의 역할이 매우 중요하다는 사실을 부모가 인식하도록 돕는 것이 중재 전이의 핵심이다. 이는 부모로 하여금 중재자가 되라는 의미가 아니며, 항상 부모의 가장 중요한 역할은 자녀를 양육하는 것이다. 중재 전이가 성공적으로 이루어진다면, 부모는 아동과 가족의 일상적인 일과 속에 내재된 아주 많은 기회를 활용하는 데 필요한 지식과 기술을 습득하게 된다. 모든 부모가 자신을 자녀의 교사라고 여기지는 않지만, 서비스를 받는 부모는 자녀의 발달을 촉진하고자 하는 의지를 갖게 된다. 일상적으로 자녀를 양육하는 일과에서 부모는 자녀의 발달을 촉진할 수 있는 기회를 자연스럽게 제공한다. 이러한 관점에서, 중재 전이는 다양한 배경을 가진 가족에게 개념적으로나 실제적으로 의미가 있다. 몇 가지 전략을 함께 쓴다면 부모가 중재 전이의 목적을 이해하게 되고 부모와 중재자 사이에 동반자 관계도 효과적으로 형성될 수 있다. 이 전략의 예를 들면 ① 중재를 시작할 때 프로그램이 표방하는 변화이론에 대해 설명하기, ② 가정방문 시기에 일어나는 중재활동에 대한 정보를 제공하고 받기, ③ 삼자 상호작용(triadic interaction)(McCollum

& Yates, 1994; 즉, 가정방문 시 부모가 자녀와의 상호작용에 참여하여 기술을 연습하고 부모-자녀 행동의 목적에 대해 학습하고, 중재자의 코치를 받기다). 삼자 상호작용 전략은 목표로 하는 중재 전이를 촉진하는 핵심 전략이다.

변화이론 설명하기

중재 관계를 시작할 때 제일 먼저 중재자와 부모의 기대를 분명하게 표현하는 것이 매우 중요하다. 중재가 어떻게 이루어질 것일지 대한 설명을 시각적인 자료로 제공하고 중재자와 부모의 역할에 대해 개방적이고 솔직하게 이야기 나눔으로써 긍정적인 중재 효과를 낳을 수 있다. 조기중재 모델을 부모에게 설명할 때 [그림 1]과 같은 자료를 쓸 수 있다. 삼자 상호작용에서의 중재자와 부모의 역할을 설명하고, 가정방문 시 하는 활동이 부모의 능력과 자신감뿐 아니라 아동의 발달적 능력을 어떻게 향상시키는지에 대해 설명한다. 부모가 과거에 경험한 중재자가 모든 활동을 지시하고 아동과의 상호작용도 직접적으로 했다면, 부모는 자연적이며 부모중심의 새로운 중재에 적응하는 데 어려움을 겪을 수 있으며, 새로운 중재에 대해 충분한 설명이 제공되지 않으면 어려움은 가중될 것이다. 게다가 중재 시 자신의 역할에 대해 명확한 이해가 이루어지지 않은 부모의 경우, 가정방문 시간을 자신이 다른 일들을 할 수 있는 기회로 여길 수 있다. 즉, 중재자가 자녀와 상호작용하는 동안 자신은 집안의 밀린 일을 하는 시간으로 가정방문을 간주할 수 있다.

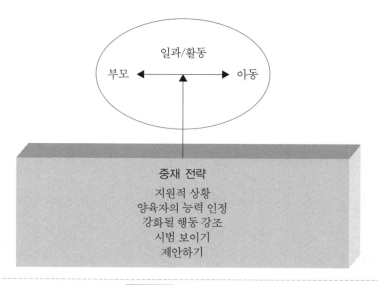

[그림 1] 삼자 상호작용

출처: McCollum, J. A., & Yates, T. (1994). Dyad as focus, triad as means: A family-centered approach to supporting parent-child interactions. *Infants and Young Children, 6*(4), 54-63.

정보 교환

중재 전이가 실제로 일어나는지 여부를 판단하려면 가정방문 동안에 사용된 전략과 사용된 전략에 대한 아동의 반응에 대해 중재자와 부모 사이에 정보가 반드시 공유되었는지를 확인해야 한다 (Therapists as Collaborative Team Members for Infant/Toddler Community Services, 2008). 한 회기 가정방문이 끝나고 다음 회기 가정방문이 이루어지기까지의 기간 동안 사용되는 특정한 전략을 언제, 어디서, 어떻게 그리고 왜 사용하는지에 대해 부모가 생각할 수 있도록 명확하고 정확하게 물어보아야 한다. 부모에게 간단하면서 쉬운 방법은 사용되는 전략의 빈도와 질에 대한 정보를 수집하는 것이다. 예를 들어, 부모가 전략을 사용할 때마다 메모지에 횟수를 기록하고, 그 전략이 효과가 있는지 여부를 + 또는 −에 동그라미 표시를 하게 하는 것이다. 정보를 수집하는 방법을 결정할 때 반드시 부모가 참여하는 것이 중요하다. 경험을 글로 쓰는 것을 좋아하는 부모가 있는가 하면, 아주 기본적인 정보만을 수집하기를 원하는 부모도 있다. 어떤 부모는 정보를 체계적으로 기록하는 것을 어려워할 수도 있으므로 중재자는 부모와의 대화를 통하여 전략 사용에 관한 일화 기록을 남길 수도 있다.

삼자 상호작용

삼자 상호작용은 부모−아동 상호작용을 촉진하는 공통목적을 향해 부모, 아동, 중재자가 모두 적극적으로 참여할 때 발생한다. McCollum과 Yates(1994)는 삼자 상호작용을 성공적으로 형성하는 데 필요한 핵심요인들을 여러 가지 제시하였다. 이는 즐거운 상호작용을 촉진하는 지원적 상황, 양육자의 능력 인정, 강화될 행동이나 능력 강조, 학습될 행동 시범, 부모가 아동에게 사용해야 하는 구체적인 전략 제안 등이다. 조기중재자는 이 요소들에 대해 부모에게 설명한다. 삼자 상호작용에서 중재자는 직접적 교수자가 아니라 협력적 상담자, 코치, 관찰자와 같은 역할을 수행한다.

앞에서 소개한 전략은 중재자가 가진 지시성(directiveness)의 수준별 연속체 개념을 가진다. 즉, 지시성이 낮은 수준(즐거운 상호작용

지원하기)부터 높은 수준(구체적인 전략 제안하기)까지 있다. 중재자가 사용하는 지시성의 수준은 부모가 가진 기술 및 자신감과 연관이 있다. 느긋하면서 편안한 환경을 제공하고 부모가 원하는 환경을 선정함으로써 부모에게 의미 있는 활동이 되고 효과적인 상호작용의 시작이 될 수 있다. 아동과의 직접적인 신체적 접촉을 가급적 피하면서 부모가 일과 속에서 전략을 사용하는 것을 관찰하고 부모에게 이야기하고, 부모의 강점을 강조하고, 그리고 상호작용에 대한 제안을 하는 것이 효과적인 의사소통 방법이며 중재 과정에서의 부모 역할의 중요성을 알리는 방법이 된다.

직접적인 신체적 시범은 신중하게, 그리고 부모의 동의하에 간헐적으로 사용되어야 한다. 이렇게 함으로써 중재자가 부모에게 보여주고자 노력하는 것이 명확하게 전달된다. 아울러 직접적 시범 이후에 적절히 코치하면서 부모에게 전략을 사용해 보게 하는 것이 중요하다. 그래야만 부모는 전략을 실행하는 방법을 알게 되고 일상적인 일과에서 자신 있게 쓸 수 있게 된다.

새 가족 - 새로운 출발

사라는 몇 가지 변화를 시도할 준비가 되었음을 느꼈다. 그 변화란 조기중재의 지침이 되는 변화이론을 가족에게 설명하는 것, 부모와 정보를 교환하는 것, 삼자 상호작용 전략을 사용하는 것이었다. 사라와 중재팀은 테리와 테리의 아기 에미에게 중요하다고 여기는 장기목표를 IFSP에 작성하고 이를 실행할 전략에 대해 함께 이야기 나누었다. 사라는 이 가족의 주 중재자(primary interventionist)이므로 대부분의 가정방문을 맡을 것이다. 사라가 첫 가정방문을 하였을 때, 사라는 테리와 에미를 만나서 조기중재 서비스의 목적은 아동이 성장하고 발달할 수 있는 학습기회를 제공하고자 하는 부모의 노력을 지원하는 것이며 또한 가족의 일과가 더욱 자연스럽고 매끄럽게 흘러가도록 돕는 것이라고 설명하였다. 사라는 일과중심의 면담(routine-based interview)(McWilliam & Clingenpeel, 2003)을 테리에게 실시하였는데, 이는 지원이 필요한 일과를 파악하고 테리와 에미가 특히 즐기는 일과 및 활동을 찾기 위해서였다.

일과중심 면담은 부모에게 아침에 일어나서 저녁에 잠자리에 들기까지의 하루 일과 및 활동에 대해 일련의 질문을 던지며 부모가 이에 대해 생각해보게 한다. 면담자는 각 일과에서 아동이 어떻게 참여하는지, 얼마나 독립적인지, 아동의 사회적 관계는 어떠한지, 부모는 그 일과에 대해 얼마나 만족하는지 등에 대해 질문을 한다. 또한 면담자는 부모가 어려움을 느끼는 특정 일과가 있는지를 확인한다. 중재자는 면담에서 일과 선정이나 가족에게 사용할 전략 등에 도움이 되는 광범위한 정보를 얻게 된다. 부모에게 삼자 상호작용의 요소들을 명확하게 설명한 가정방문 에피소드를 살펴보기로 한다.

테리와 에미가 점심을 먹고 있을 때 사라는 가정을 방문한다. 가정방문 전에 미리 사라와 테리는 점심시간이 어려운 일과임을 함께 확인하였는데, 에미가 식사시간에 많이 울기 때문에 테리에게는 식사시간이 매우 힘든 일과다. 에미의 IFSP 목표 중 하나는 울거나 괴성을 지르지 않고 자신의 요구를 말이나 제스처로 표현하기다.

사라는 테리와 에미의 상호작용을 잠시 관찰한다. 사라가 관찰하기에 에미는 자신이 무엇인가를 원할 때 울음으로 표현하고 이에 테리는 실망하는 듯 보인다. 테리는 말하길, "도대체 에미가 무엇을 원하는지 모르겠어요."라고 한다. 사라와 테리는 에미의 연령대 아이들이 의사소통하는 방법에 대해 이야기를 나누는데, 일반적으로 제스처를 사용하여 의사소통하므로 에미가 긍정적인 방법으로 의사소통을 시작하도록 돕는 테크닉을 사용해 보기로 한다. 또한 사라는 테리가 에미의 비구어적 단서를 읽을 수 있음을 인정하며 테리가 느끼는 실망감에 대해 공감을 표현한다. 사라는 테리에게 수화로 '더(more)'를 가르치고 에미의 손을 잡고서 수화를 보여 준다. 테리는 에미가 매우 좋아하는 몇 가지 음식을 파악하고 이를 이용하여 '더' 수화를 사용할 기회에 대해 사라와 이야기 나눈다. 사라는 테리에게 수화와 말을 함께 사용하는 방법을 보여 주고, 에미가 반응하게끔 기다리는 방법에 대해 알려 준다. 그리고 사라는 테리에게 전략을 바로 사용해 볼 것을 권하고 테리는 성공적으로 전략을 사용한다.

점심시간이 끝난 뒤, 사라와 테리는 이 전략을 다른 일과와 활동 속에서 사용할 수 있는 방법에 대해 이야기 나눈다. 테리가 에미의 배에 입을 대고 '후'하고 불어 주면 에미가 무척 좋아한다고 말하자 사라는 그 활동을 해 보라고 권한다. 사라는 에미가 정말 그 활동을 좋아한다는 것에 동의한다. 사라는 이 활동을 할 때 에미가 학습한 수화를 사용하도록 테리가 기다리는 방법을 설명한다. 테리가 전략을 사용하자 에미는 한 번 더 배를 불어달라는 표현으로 수화를 사용

한다. 사라는 테리에게 이 전략을 식사시간과 놀이시간에 사용해 보
고 간단히 메모를 하여 다음 방문 시간에 알려달라고 한다. 덧붙여
사라는 기록 및 일정 관련 다른 이슈에 대해서도 이야기 나눈다. 그
리고 다음 방문 때 더 많은 수화를 소개할 것을 사라와 테리는 함께
결정한다.

　사라는 사무실로 돌아와서 오늘 실시한 가정방문에 대해 되돌아
본다. 사라는 테리가 다음 방문 때까지 열심히 수화를 사용하리라 믿
는다. 또한 테리가 하루 일과 중 수화를 사용할 수 있는 기회를 포착
할 것을 기대한다. 테리는 수화 사용과 적절하게 기다리기에 대해 이
해할 뿐 아니라 이 전략을 왜, 언제, 어디에서 사용할 수 있는지에 대
해서도 이해한다.

　많은 프로그램과 중재자들은 서비스 전달에서 교사주도의 접근방
식을 점차 지양하고 있다. 프로그램의 모든 관계자들(예: 부모, 중재

자, 관리자)에게 변화이론을 명확하게 알려줌으로써 가정방문을 통한 가족지원이 자연적이며, 일과중심이고, 문화적으로 민감하게 이루어질 수 있다. 이와 같은 접근에 의해 프로그램 구성원들은 중재 과정에 대한 정보를 교환할 수 있고, 부모가 자녀의 최적의 발달을 지원하면서 자녀와의 상호작용을 즐길 수 있는 삼자 상호작용에도 참여하게 된다.

주 💡

교신저자 Kere Hughes(kereh@iastate.edu)

참고문헌 💡

Bailey, D., Scarborough, A., & Hebbeler, K. (2003). *Families' first experiences with early intervention: National early intervention longitudinal study.*(Report No. NEILS-R-2).(ERIC Document Reproduction Service No. ED476293). SRI International, Menlo Park, CA.

Brooks-Gunn, J., Berlin, L. J., & Fuligni, A. S. (2000). Early childhood intervention programs: What about the family? In J. P. Shonkoff & S. J. Meisels (Eds.), *Handbook on early childhood intervention* (2nd ed., pp. 549-588). New York: Cambridge University Press.

Butz, A. M., Pulsifer, M., Marano, N., Belcher, H., Lears, M. K., & Royal, R. (2001). Effectiveness of a home intervention for perceived child behavioral problems and parenting stress in children with in utero drug exposure. *Archives of Pediatrics and Adolescent Medicine, 155*, 1029-1037.

Daro, D., & Harding, K. (1999). Healthy families America: Using research to enhance practice. *The Future of Children, 9*, 152-176.

Dunst, C. J., Bruder, M. B., Trivette, C. M., Hamby, D., Raab, M., & McLean, M. (2001). Characteristics and consequences of everyday natural learning opportunities. *Topics in Early Childhood Special Education, 21*, 68-92.

Dunst, C. J., Hamby, D., Trivette, C. M., Raab, M., & Bruder, M. B. (2000). Everyday family and community life and children's naturally occurring learning opportunities. *Journal of Early Intervention, 23*, 151-164.

Gomby, D., S. (2007). The promise and limitations of home visiting: Implementing effective programs. *Child Abuse & Neglect, 31*, 793-799.

Gomby, D., S., Culross, p. L., & Behrman, R. E. (1999). Home visiting: Recent program evaluaions-Analysis and recommendations. *The Future of Children, 9*, 4-26.

Hanft, B., Rush, D., & Shelden, M. (2003). *Coaching families and colleagues in early childhood.* Baltimore: Brookes.

Heinicke, C. M., Goorsky, M., Moscov, S., Dudley, K., Gordon, J., Schneider, C., et al. (2000). Relationship-based intervention with at-risk mothers: Factors affecting variations in outcome. *Infant Mental Health Journal, 21*, 133-155.

Jung, L. A. (2007). Writing individualized family service plan strategies that fit into the routines. *Young Exceptional Children, 10*, 2-9.

Love, J. M., Kisker, E. E., Ross, C., Raikes, H., Constantine, J., Boller, K. et al. (2005). The effectiveness of Early Head Start for 3-year-old children and their parents: Lessons for policy and programs. *Developmental Psychology, 41*, 885-901.

McCollum, J. A., & Yates, T. (1994). Dyad as focus, triad as means: A family-centered approach to supporting parent-child interactions. *Infants and Young Children, 6*(4), 54-63.

McWiiliam, R., & Clingepeel, B. (2003). *Functional intervention planning: The routines-based intervention.* Retrieved April 8, 2008, from http://www.collaboratingpartners.com/docs/R_Mcwilliam/RBI_Fl yer_April_2005.pdf.

Olds, D., Kitzman, H., Cole, R., & Robinson, J. (1997). Theoretical foundations of a program of home visitation for pregnant women and parents of young children. *Journal of Community Psychology, 25,* 9-25.

Olds, D., Robinson, J., O'Brien, R., Luckey, D. W., Pettitt, L. M., Henderson, C. R. et al. (2002). Home visiting by nurses and by paraprofessionals: A randomized controlled trial. *Pediatrics, 110,* 486-496.

Peterson, C. A., Luze, G. J., Eshbaugh, E. M., Jeon, H., & Kantz, K. R. (2007). Enhancing parent-child interactions through home visiting: Promising practice or unfulfilled promise? *Journal of Early Intervention, 29,* 119-140.

Raikes, H., Green, B., Atwater, J., Kisker, E., Constantine, J., & Chazan-Cohen, R. (2006). Involvement in Early Head Start home visiting services: Demographic predictors and relations to child and parent outcomes. *Early Childhood Research Quarterly, 21,* 2-24.

Roggman, L., Cook, G., Peterson, C. A., Raikes, H. A., & Staerkel, E. (2008). Who drops out of Early Head Start home-based programs. *Early Education and Development, 19,* 574-599.

Sweet, M., & Appelbaum, M. (2004). Is home visiting an effective strategy? A meta-analysis review of home visiting programs for families with young children. *Child Development, 75,* 1435-1456.

Therapists as Collaborative Team Members for Infant/Toddler

Community Services. (2008). Retrieved July 15, 2008, from http://tactics.fsu.edu/family.html

Wagner, M., & Clayton, S. (1999). The Parents as Teachers program: Results from two demonstrations. *The Future of Children, 9*, 91-115.

Wagner, M., Spiker, D., & Linn, M. I. (2002). The effectiveness of the Parents as Teachers program with low-income parents and children. *Topics in Early Childhood Special Education, 22*, 67-81.

Weiss, C. H. (1995). Nothing as practical as good theory: Exploring theory-based evaluation for comprehensive community initiatives for children and families. In J. P. Connell (Ed.), *New approaches to evaluating community initiatives: Concepts, methods, contexts* (pp. 65-92). Queenstown, MD: Aspen Institute.

Woods, J., Kashinath, S., & Goldstein, H. (2004). Effects of embedding caregiver-implemented teaching strategies in daily routines on children's communication outcomes. *Journal of Early Intervention, 26*, 175-193.

중복장애 영아와 가족을 위한 가정방문 조기중재

Deborah Chen, Ph.D., California State University, Northridge
M. Diane Klein, Ph.D., C.C.C.-S.L.P., California State University, Los Angeles

중복장애를 가진 영아는 매우 다양하고 이질적인 집단이다. 이들은 복합적인 요구를 보이고 진단이 모두 명쾌하게 확인되지 않으며 발생률이 낮은 장애를 가지고 있으므로 다양한 영역에서의 서비스를 요하는 경우가 많다. 영아와 가족에게 질적으로 우수하고 잘 조정된 조기중재 서비스를 가정에서 제공하는 것은 쉽지 않은 일이다. 서로 다른 기관에 소속된 서비스 제공자들은 중복장애 영아와의 경험과 전문성에서 차이가 나고, 이들이 영아와 가족에게 서로 다른 중재 접근을 사용함으로써 때로 갈등이 생길 수도 있다. 이 글에서는 먼저, 중복장애를 가진 영아와 가족에게 가정방문 서비스를 제공할 때 유의점을 논한다. 그리고 가족의 우선순위와 관심사에 적절하며 자원을 극대화하고 가족의 일과에 적합하며 영아와의 상호작용을 촉진하는 서비스를 제공하기 위한 지침을 제시하고자 한다.

조기중재 서비스의 요소

중복장애를 가진 영아의 가족을 위한 조기중재로, 가정방문을 하는 것은 여러 요인들의 영향을 받는 복잡한 과정이다. [그림 1]은 가정방문의 주요 변인들, 즉 영아와 가족의 특성, 가정방문 프로그램의 목적 및 철학, 서비스 제공자의 훈련 및 경험 요인, 가정방문에서 사용되는 전략 및 활동 간의 역동적인 상호작용을 보여 주는 개념적 모델(Klein, in press)이다.

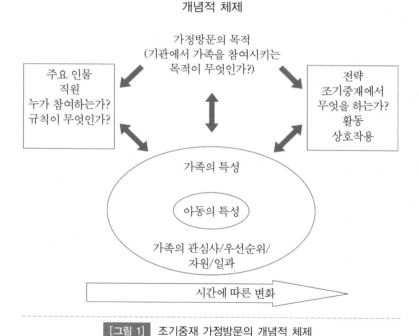

[그림 1] 조기중재 가정방문의 개념적 체제

조기중재 서비스는 장애인교육법(IDEA) Part C의 영향을 받는다. 이에 따르면, IFSP를 개발할 때 영아의 발달과 관련하여 가족이 가진 관심사, 우선순위, 자원 등을 파악해야 하고, 조기중재 서비스가 자연적 환경에서 제공되어야 하고, 서비스 조정자가 계획의 실시 및 서비스 조정에 책임을 져야 한다(Bruder & Dunst, 2008; Jung, 2007; Raab, 2004). 장애 영아를 위한 조기중재의 전반적인 목적과 철학(Sandall, Hemmeter, Smith, & McLean, 2005)은 양육자에게 정보를 제공하고 훈련하는 등의 지원을 통하여 가정과 지역사회에서 자연스럽게 발생하는 일과 및 활동 중에 양육자가 영아의 발달을 촉진하게 하는 것이다. 이상적으로, 영아의 건강과 발달을 촉진하기 위해 서비스 제공자와 가족은 가족의 기능을 강화하는 방식으로 협력한다. 가족에게 어려움을 가중시키는 중재와 일상적인 일과에 자연스럽게 적용되기 어려운 중재는 기대하는 결과를 낳을 가능성이 낮다.

가정방문 서비스를 계획할 때 가장 중요하게 고려할 점은 영아와 가족의 요구다. 가족이 서비스에 의뢰된 이유는 영아가 처한 특별한 상황과 관련 있다. 영아가 가진 요구는 보통 여러 가지이며 의료(예: 음식을 공급하기 위한 튜브 설치, 산소호흡기 부착, 경련, 심장질환), 발달(예: 미숙아, 신경학적 손상으로 인한 인지적 문제), 감각(예: 시각장애, 청각장애), 운동(예: 뇌성마비, 이분척추) 등을 포함한다. 중복장애 영아는 다양한 서비스 요구를 나타낼 수 있으므로, 여러 전문영역의 서비스 제공자가 관여해야 하고 복합적인 서비스와 다양한 수준의 서비스를 필요로 한다. 이와 마찬가지로 가족도 다양한 특성을 가지고 있으며 자녀의 독특한 요구에 대해 여러 형태의 상호작용을 보일 수 있다.

영아가 가진 장애의 특성 및 정도를 포함하여 영아의 건강상태나 기질과 같은 다양한 특성에 따라 적절한 중재의 유형도 달라진다. 조기중재 및 가족과의 협력에 있어서 중요하게 고려할 점은 가족이 경험하는 양육 어려움의 수준이다(Berheimer & Weisner, 2007). 의료적인 도움과 의료적 기구에 의존해야 하는 영아 혹은 매우 과민하고 진정시키기 어려운 영아는 가족에게 상당한 스트레스를 안길 수 있다. 발달이 상당히 지체되지만 건강상의 어려움이 없고 기질이 무난한 영아에 비해 상대적으로 가족에게 더 어려울 수 있다. 영아가 가진 복합적인 요구로 인해 영아가 보이는 신호가 의도적인지 여부를 판단하기가 쉽지 않다. 왜냐하면 영아의 의도적인 의사소통 행동이 미묘하거나 비전형적이므로 양육자나 전문가가 이해하기가 쉽지 않다. 영아의 상당히 낮은 반응도가 양육자-영아 상호작용과 관계에 심각한 영향을 미칠 수 있다.

영아의 특성이 서비스 전달에 영향을 미치는 또 다른 측면은 조기중재에 연관된 전문가와 기관의 숫자다. 복합적 요구를 가진 영아의 가족은 보통 한 사람 이상의 서비스 제공자에게 서비스를 받는다. 예를 들어, 유아특수교육을 전공한 조기중재자는 가족지원을 제공하고 모든 발달영역에 걸쳐 영아의 발달을 촉진하는 중재를 계획할 것이다. 반면에 물리치료사는 영아의 운동기술에 초점을 맞출 것이다. 어떠한 영역의 서비스 제공자라도 영아의 성장사와 현재 상태에 대한 정확한 정보를 가지고 있어야 하며 가족에게 서비스를 제공하는 다른 전문가에 대해서도 정보를 가지고 있어야 한다.

가족의 가치관, 구성, 문화적 배경, 자원, 중재에 대한 태도와 같은 가족 특성(Lynch & Hanson, 2004; Turnbull, Turnbull, & Erwin,

& Soodak, 2006)도 가정방문의 세부사항을 결정할 것이다. 예를 들어, 대가족이면서 외부 지역사회의 네트워크를 가진 부모는 가정방문을 통해 자녀가 가진 장애를 이해하고, 웹사이트와 관련 연구에 대해 알고자 하며, 가능한 한 다양한 중재 서비스에 대한 정보를 많이 얻는 것을 선호할 수 있다. 반면에 최근에 이사를 왔으며 사회적 · 재정적 재원이 제한된 한부모 가정의 어머니는 가정방문에서 관계중심의 접근을 더 선호할 수 있다. 가정방문을 통해 정서적 · 물질적 지원을 받고 자녀와의 관계를 돈독히 할 수 있기를 바랄 수 있다.

조기중재 서비스는 가족중심이어야 하고 다양한 가정중심 서비스 전달에 대한 가족의 선호와 편안함의 수준이 다양하다는 점을 인식해야 한다. 시간이 흐름에 따라 가족의 환경이 변할 수 있으므로 조기중재 서비스에 관한 가족의 관심사와 우선순위 또한 달라질 수 있다. 다음 사례에서 가정중심 서비스 전달의 다양한 특성과 요소를 찾을 수 있다.

캐롤라이나와 조시

캐롤라이나는 17세이며 한부모 가정의 엄마다. 그녀는 할머니와 18개월 딸 조시와 함께 살고 있다. 캐롤라이나의 표현에 의하면, 조시는 이 세상에서 가장 사랑스러운 아기다. 조시는 사회성이 좋으며 잘 웃는다. 할머니가 사회보장연금을 받고 있으며, 추가로 생활보호 대상으로 지원을 받고 있다. 조시가 태어나기 전 캐롤라이나는 고등학교를 다녔으며 패스트푸드점에서 아르바이트를 하며 생활비를 보탰다. 캐롤라이나는 아직 학교로 돌아가지 않고 있으나 언젠가는 복학하여 고교 졸업을 할 수 있으리라 기대한다. 조시가 태어난 직후, 기관에서 한 여성이 방문하여 특별한 요구를 가진 아동을 위한 서비스에 대해 설명하였다. 캐롤라이나가 생각할 때, 조시는 건강하고 행복하며 전혀 문제가 없었으므로 서비스에 등록할 이유가 없다고 여겼다. 처음에 캐롤라이나가 조시 수유에 어려움을 겪자 할머니가 도와주었다. 조시가 병원에서 태어났을 때 조시가 다운증후군을 가졌다는 말을 병원에서 들었다. 캐롤라이나는 다운증후군의 의미를, 조시가 아몬드 모양의 눈을 가지고 짧은 손가락을 가지는 신체적 특징을 보이는 것으로 이해하였다. 캐롤라이나는 다운증후군에 관한 어떤 정보도 받지 못했고, 간호사들은 아이가 매우 건강하다는 말만 하였다. 최근 들어, 캐롤라이나는 조시에게 청각장애가 있음을 발견하였다. 조시의 청각검사를 위해 병원에 갔을 때 서비스를 받는 방법에 관한 정보를 들었다. 캐롤라이나는 여전히 그 서비스가 무엇인지 이해하지 못했다.

가르시아 가족

론과 마릴린 가르시아 부부는 두 사람 다 의사다. 론은 성형외과의이고 마릴린은 내분비전문의다. 두 사람은 40대 초반이고 최근에야 의과대학 학자금 대출을 다 갚은 상태이며, 자신들의 보금자리를 직접 지을 꿈에 부풀어 있었다. 자녀는 8세 아들 론 주니어와 6세 딸 릴리가 있다. 1년 전, 마릴린이 전혀 계획에 없던 임신을 한 사실을 알고서 부부는 충격에 빠졌다. 처음에는 임신중절 수술을 고려하였으나 종교적 신념 때문에 포기하였다. 마릴린은 임신시기를 잘 보내기로 마음을 고쳐먹고 출산 뒤 아기 돌보미를 구하면 다시 직장에 복귀하기로 계획하였다. 마릴린의 임신기간은 쉽지 않았으며 마지막 2개월 동안은 거의 침대에 누워 지냈다. 알렉스는 28주만에 태어났으며 몸무게는 2.5파운드였다. 알렉스는 인큐베이터에 들어갔으며 미숙아 망막증과 호흡곤란 증세를 보였다. 부부는 둘 다 의사임에도 불구하고 알렉스의 진단에 충격을 받았으며 두 아이 또한 부모의 혼란스러운 모습에 불안해하였다.

가정방문 서비스 전달

중복장애 영아를 위한 가정방문에서 중요한 변수는 서로 다른 영역의 여러 서비스 제공자들이 가족과 얽혀 있다는 점이다. 가족은 각 전문가의 역할과 전문 영역에 대해 명확하게 이해하지 못할 수 있다. 이들이 제공하는 서로 다른 정보에 의해 혼란을 겪거나 좌절할 수도 있다. 이상적으로 되려면, 각 방문자의 역할이 명확하게 정의되고 서비스 조정자에 의해 간학문적 팀 모델 내에서 조정되어야 한다(Horn & Jones, 2004; McWilliam, 2005). 또한 서비스 조정이 어떻게 형성되는가에 따른 변수가 있다. 전념 모형(dedicated model)에서는 서비스 조정자가 소속된 기관에서 서비스 조정 업무만을 제공한다. 기관 내 모형(intra-agency model)에서는 조기중재 서비스와 서비스 조정을 같은 기관에서 제공하는 반면에, 융합 모형

(blended model)에서는 서비스 조정자가 조기중재와 서비스 조정 두 가지 서비스를 모두 제공한다(Bruder & Dunst, 2008). 아울러 가족구성원 및 다른 양육자(예: 보모, 친구, 이웃)가 수행하는 주요 역할 또한 이해되어야 한다.

가정방문자 중에는 치료사와 같은 직접적 서비스 역할을 수행하는 사람이 있는가 하면, 가족과 자주 상담하고 상호작용하는 이도 있다. 조기중재자는 영아의 발달과 가족의 웰빙을 최적화하기 위하여 가족, 영아, 서비스 전달 체계에 대해 좀 더 포괄적인 관점을 가질 것이다. 어떤 가정방문자는 준전문가로서 치료사나 조기중재자의 감독하에 업무를 수행한다. 이상적으로, 모든 서비스 제공자가 자신의 전문영역에서 적합한 자격증을 취득하여야 하며 아울러 지역사회 서비스에 대해 지식을 가지고 있어야 한다. 가정방문자는 영아의 발달영역 간의 연관성에 대해 잘 알고 있어야 하며, 간학문적 협력의 중요성을 이해하고 다른 전문영역과의 의사소통의 중요성 또한 인식해야 한다. 서비스 제공자는 문제해결팀의 구성원으로서 일해야 하는데, 이때 가족구성원은 문제해결팀의 핵심 멤버가 되어야 한다.

조시의 조기중재팀의 전문가는 조기중재자, 청각장애 교사, 언어병리사로 구성되었으며 이들은 각각 서로 다른 기관에 소속되어 있었다. 캐롤라이나와 할머니가 항상 가정에 있을 때 가정방문이 이루어졌으며, 캐롤라이나가 복학을 한 뒤에도 가정방문 시에 캐롤라이나가 항상 참여하였다. 지역의 Part C 프로그램에 소속된 조기중재자는 일차적인 서비스 제공자이며 서비스 조정자 역할을 수행하였으며, 일주일에 한 번 가정방문을 실시하였다. 청각장애 교사와 언어병리사는 조시의 언어 및 의사소통 발달에 관한 상담자 역할을 수행하였다. 조시가 보청기를 받자 청각장애 교사는 보청기를 조시에게 착용시키는 방법과 관리방법에 대해 캐롤라이나와 할머니에게 설명하였다. 또한 조시의 듣기 기술을 촉진하는 방법(예: 이름을 부르기, 말할 때 방해되지 않도록 TV 끄기)에 대해서도 시범을 보였다. 팀에서는 조시의 언어발달을 촉진하는 방법으로써 주요 어휘를 수화와 함께 지도하는 방법에 대해 이야기 나누었다. 캐롤라이나는 조시가 수화로 엄마를 부르는 모습이 정말 사랑스럽다고 말하였다.

알렉스의 조기중재팀의 전문가는 조기중재자, 시각장애 교사로 구성되었으며 이들은 같은 기관에 소속되어 있었다. 대부분의 경우, 두 전문가는 각자 알렉스의 가정을 일주일에 한 번씩 방문하였으며 두 달에 한 번꼴로 두 사람이 함께 방문하였다. 서비스 조정자는 다른 기관에 소속된 사람이었으며 주로 IFSP 회의에만 참석하였고 특별한 사항이 있을 때만 접촉하였다. 알렉스가 병원에서 퇴원한 뒤 6개월 동안 론은 자신의 업무시간을 조정하여 전문가의 가정방문 시에 집을 지켰다. 알렉스가 9개월이 되자 보모를 고용하였고 마릴린은 직장으로 복귀하였다. 가정방문 서비스는 주로 보모만 있을 때 이루어졌으며 간혹 론이나 마릴린이 집에 있었다. 가정방문이 오후 늦게 이루어질 때는 알렉스의 형제들이 간혹 대화에 참여하기도 하였다. 가르시아 가족의 최대 관심사는 시력 손실이 있는 알렉스의 발달을 촉진하는 방법에 있었다. 시각장애 교사는 알렉스가 주위의 물건이나 사람에 관심을 가지고 몸을 움직일 수 있게 촉진하는 방법을 시범 보였다. 조기중재자는 알렉스의 일과 속에 학습기회를 삽입하는 방법에 대해 가족과 보모에게 알려 주었다.

각 전문가가 가진 전문성은 양질의 조기중재 서비스를 개발하고 제공하는 데 있어서 필수적이며, 특히 영아가 중복장애를 가졌을 경우 더욱 그러하다. 예컨대, 청각장애 영역의 전문가와 물리치료사는 중재팀의 핵심 구성원이 된다. 청각장애 전문가는 영아의 의사소통 방식과 영아에게 적합한 청력기구(예: 수화, 구어, 보청기, 인공와우) 선택에 대해 도움을 줄 수 있다. 부모는 자녀에게 가장 적합한 방법을 선택하고 이를 효과적으로 지속적으로 사용하는 방법을 학습해야 한다. 물리치료사는 영아의 운동기술에 대한 정보를 부모에게 제공하고 운동기술이 영아의 의사소통 발달에 어떤 영향을 미치는지(예: 수화를 하기 위해 손을 움직이는지, 시각적인 자극을 볼 수 있게 자세를 취하는지)에 대하여 부모를 이해시켜야 한다.

여러 기관의 여러 서비스 제공자가 한 가정에 서비스를 제공할 때, 이들과 가족 간의 의사소통과 조정이 잘 될 수 있게 하는 것은 극히 중요하다. 때때로 서비스 조정자가 이러한 책임을 맡는다. 여러 서비스 제공자 간의 의사소통을 촉진하는 실제적인 방법이 있다. 예를 들어, 가족은 각 서비스 제공자에게 요약노트 바인더를 받아 보관한다. 바인더에는 특정 중재를 나타내는 사진이나 비디오 샘플

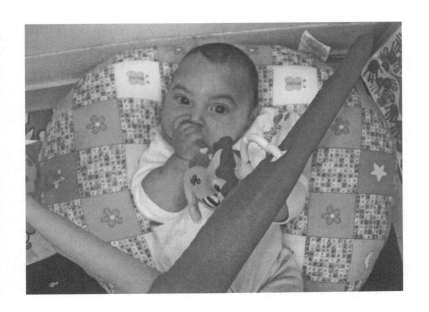

이 들어 있다. 서비스 제공자들은 필요 시 함께 방문하여 얼굴을 직접 보면서 이야기를 나누고 이메일이나 휴대전화로 정보를 공유한다. 이러한 의사소통 방법은 가정방문 때 함께 하지 못한 부모 또는 그 외 주양육자와의 의사소통 방법으로도 활용할 수 있다.

자연적인 학습기회를 파악하고 이용하기

가정방문 서비스를 제공할 때 중시할 점은 가족의 일상적인 일과에서 자연스럽게 발생하는 학습기회 속에 중재를 삽입하는 것이다 (Bernheimer & Weisner, 2007). 조기중재자가 자연적인 학습기회를 파악하기 위하여 가족의 일상적인 일과에 대해 이야기 나눔으로써 가족 및 양육자와의 긍정적인 관계가 형성되고 협력이 강화된다. Dunst와 그의 동료들은 가족의 일상적인 활동상황이나 자연적 환경에서 일어나는 자연적 학습기회의 특성과 중요성에 대해 설명하였다(Dunst, Bruder, Trivette, Hamby, Raab, & McLean, 2001a, 2001b; Dunst, Trivette, Humphries, Raab, 7 Roper, 2001; Raab & Dunst, 2004). 예를 들어, 일상적인 가정일과(예: 목욕시간, 옷 갈아입는 시간, 식사시간)와 지역사회 활동(예: 공원 가기, 친척집 가기, 마트 가기) 등을 들 수 있다. 뿐만 아니라 Dunst와 동료들(2001a, 2001b)은 영아가 좋아하고 적극적으로 참여하고 동기유발이 되는 학습기회는 영아가 일상적인 활동 속에서 연습하고 탐색하는 능력을 향상시키는 것은 물론이요 영아의 진보와도 긍정적인 관계를 가진다고 주장하였다. 영아와 가족이 참여하는 활동의 횟수는 영아의 학습기회 참여 증대 및 발달적 성취와 긍정적인 상관관계가 있다(Dunst et al., 2001a).

조기중재 가정방문 활동은 처음에는 부모에게 가족의 전형적인 하루를 이야기해 달라고 요청하는 것으로 시작된다. 이때 영아의 일상적인 일과에 초점을 두면서 영아와 가족에게 무엇이 즐거운 것이고 무엇이 힘든 것인지를 파악하려고 노력한다. 이렇게 함으로써 조기중재자는 자신이 특정 영역의 전문성과 경험을 소지하고 있지만 영아의 발달에 부모의 역할이 가장 중요하다는 메시지와 가족-전문가 협력이 필수적이라는 사실을 전달한다. 뿐만 아니라 전문가의 제안은 가족이 제공하는 정보와 경험 체제 내에서 가장 적용이 잘 된다. 그러므로 가족과 조기중재자의 관찰을 결합하고 정보를 공유하는 것이 효과적인 중재 과정에 필수적이다.

126

양육자-영아 상호작용 촉진하기

조기중재의 중요한 목표는 영아의 장애 유형이나 전문가의 전문 영역에 상관없이 긍정적인 양육자-영아 상호작용을 지원하는 것이다. 그 이유는 양육자와 영아 간의 초기 상호작용의 질이 모든 발달 영역에 걸쳐 영아의 학습과 발달에 긍정적인 영향을 미치기 때문이다(Keilty, 2008; McCollum, Gooler, Appl, & Yates, 2001). 연구에 따르면, 양육자-영아 관계는 양육자가 영아의 의사소통 시도를 인지하고, 해석하고, 반응해 주고, 영아의 노력을 촉진하는 상호작용을 통해 강화된다(Dunst & Kassow, 2004; Kasswo & Dunst, 2004). 영아가 중복장애와 복합적인 의료적 요구를 가지고 있을 때 양육자가 처음에 영아와 상호작용하는 것이 쉽지 않다. 예를 들어, 영아가 자주 입원하는 일이 발생하거나 영아가 보내는 신호가 미약하거나 비전형적일 때 양육자는 어려움을 겪는다. 따라서 양육자는 초기에 영아와 적절하게 상호작용할 수 있는 구체적인 방법을 알고자 한다. 다음의 전략은 복합적이고 중복의 요구를 가진 영아와 양육자 간의 상호작용을 증진하는 데 효과적인 것으로 밝혀진 전략들이다(Chen, Klein, & Haney, 2007; Chen, Klein, & Minor, 2008).

영아가 보내는 신호 이해하기　서비스 제공자는 양육자에게 영아의 행동에 대해 물어보고 영아의 주의집중, 흥미, 요구, 소망을 표현하는 방식과 즐거움 또는 불편함과 같은 내적 상태를 나타내는 방식에 대해 물어볼 수 있다. 예컨대, 일상적으로 나타나는 영아의 얼굴표정, 말소리, 신체 움직임, 제스처 등에 대해 물어보고 이들 행동이 무엇을 뜻하는지 물어본다. 영아가 가장 초롱초롱한 때가 언제인지도 물어본다. 양육 일과 동안 양육자와 서비스 제공자는 함께 영아의 행동과 반응을 체계적으로 관찰해 본다. 이렇게 함으로써 양육자는 영아의 미묘하면서 특이한, 때로 난해한 신호를 파악하고 이해하며 영아의 신호에 반응할 수 있다. 예를 들어, 알렉스가 눈 맞춤을 잘 하지 않고 소리를 거의 내지 않았기에 처음에 론과 마릴린은 알렉스가 언제 주의집중하는지 또는 무엇을 보고 있는지를 파악하는데 힘들어하였다. 시각장애 교사의 제안을 듣고 난 뒤에 부부는 알렉스가 집중할 때 매우 조용해진다는 사실을 발견하게 되었고, 무엇인가 흥미로운 것이 있을 때 알렉스가 손과 손가락을 움직인다는 사실을 알게 되었다.

영아의 선호 파악하기　영아의 의사소통 및 행동유형이 인지되고 이해되면, 영아가 좋아하는 것과 싫어하는 것을 파악한다. 여기에서 얻은 정보는 영아의 상호작용을 자극하고 의사소통 시도를 증대시키는 데 사용된다. 예를 들어, 영아가 여러 장난감, 사람, 활동에 보이는 반응을 가족이 관찰한다. 형제와의 몸싸움 놀이에 반응을 보이는가? 언제 까다로운가? 좋아하는 사람이 누구인가? 형제에게 영아의 선호를 물어보는 것도 좋은 방법이다. 형제는 신뢰할 만한 정보제공자이며 영아가 싫어하는 것과 좋아하는 것을 확인할 수 있는 활동에 적극적으로 참여하는 인물이다. 영아의 선호를 알아보다 보면 영아가 적극적으로 참여하는 물건, 활동, 심지어 사람의 특성까지 파악할 수 있다. 예를 들어, 캐롤라이나는 조시가 불이 켜지거나 여러 개로 분리되는 장난감을 좋아한다는 사실을 발견하였다. 반면에 론 주니어와 릴리는 동생 알렉스가 진동하거나 소리를 내는 장난감을 좋아한다는 것을 알게 되었다. 영아의 손 뻗기, 탐색하기, 요청하기 등의 다양한 발달적 기술을 촉진하기 위하여 장난감을 선택하고 활동을 개발할 때 영아의 선호 특성은 유용하게 사용된다. 또한 영아의 선호는 영아의 주도성을 이끌어 내고 덜 좋아하는 활동의 참여를 촉진하는 데도 사용될 수 있다. 예를 들어, 노래 소리를 좋아하는(높은 선호) 영아가 싫어하는 활동을 할 때 양육자가 노래를 불러주면 그 활동에 좀 더 협력적이 될 수 있다.

예측되는 일과 설정하기 영아는 일상의 경험이 반복되고 예측되는 양식으로 이루어질 때 자신을 둘러싼 물리적 환경과 사회적 환경에 대해 이해하게 된다. 예측되는 일과는 특히 영아가 의료적 요구(예: 기관 절개관 흡입하기)가 있을 때 양육자에게 도움이 된다. 매일 일관된 순서로 설정할 수 있으며 일상적으로 자주 일어나는 활동을 찾아볼 것을 양육자에게 요구한다. 예를 들어, 아침식사 시간, 기저귀 가는 시간, 낮잠 시간, 차로 이동하는 시간의 전과 후에 보통 무엇을 하는가? 예측되는 일과는 특정 중재를 삽입하기에 매우 좋은 자연적 기회다. 예를 들어, 저시력과 저긴장도(hypotonia)를 가진 영아에게 우유를 먹이기 전에 양육자는 영아를 특수 의자에 바른 자세로 앉히고 밝은 노란색의 우유병을 쥔 채 영아의 시야 내에서 우유병을 천천히 좌우로 움직인다. 이렇게 함으로써 영아의 시각적 집중을 이끌어 내고 영아가 주시하게 하고 시선이 우유병을 따라 움직이도록 촉진한다.

예상하는 단서 제공하기　　일과가 정해지면 영아의 기대감과 자신감을 계발할 수 있도록 특정 단서(cues)가 추가되어야 한다. 단서란 활동 직전에 물건을 선택하는 것, 보는 것, 만지는 것에 덧붙여 특정한 말이나 소리를 일관되게 사용하는 것이다. 단서는 활동과 반드시 연관이 있어야 하는데, 단서는 영아가 활동을 이해하도록 돕는 것이다. 예를 들어, 영아를 식탁 의자에 데려가기 전에 턱받이를 보여 줌으로써 영아는 먹을 시간이라는 것을 알게 된다. 혹은 영아를 식탁 의자에서 안아 올리기 전에 영아의 팔 아래를 만지며 "위로 (up)."라는 말을 하고 안는다. 이를 반복하다 보면, 영아는 말소리와 신체접촉 단서 사이의 관계를 이해함으로써 안아 줄 것을 기대하며 자신의 팔을 올리게 된다. 말을 이해하지 못하는 영아, 특히 영아가 시각장애가 있거나 전이를 힘들어 하는 경우, 구체적인 단서를 사용

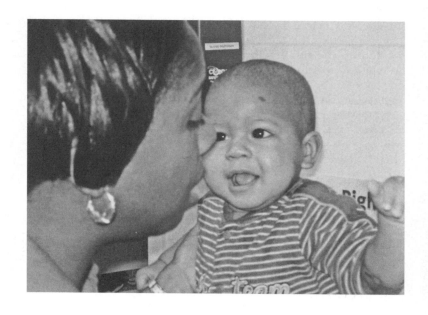

하는 것이 매우 중요하다. 양육자로 하여금 대부분의 일과에서 자주 사용할 수 있는 몇 가지 단서를 찾아보게 하고 이를 일관적으로 사용하게끔 격려해야 한다. 단서를 찾고 단서를 사용함으로써 형제와 다른 가족구성원이 영아의 학습과 발달을 지원하는 데 함께 참여할 수 있게 된다.

> 론 주니어와 릴리는 각각 여러 상황에서 알렉스에게 사용할 서로 다른 단서를 찾았다(예: 가족 나들이를 갈 때 단서로서 론 주니어는 알렉스에게 장난감 차를 주는 것으로, 릴리는 알렉스의 모자를 머리에 씌워 주는 것으로 사용하기를 원했다). 부모와 이야기 나눈 뒤 형제는 릴리가 선택한 단서인 모자를 사용하기로 결정하였고, 론 주니어는 다른 활동의 단서를 찾아보기로 하였다.

차례로 주고받는 게임 만들기   양육자와 영아가 서로 주고받는 상호작용은 양육자와 영아의 관계를 강화하는 초기 대화다. 예컨대, 영아가 옹알이를 하면 엄마는 영아가 멈출 때까지 잠시 기다린다. 영아가 멈추면, 엄마는 영아의 옹알이를 흉내 낸 뒤 잠시 멈추고 영아의 차례를 기다린다. 영아가 중증장애를 가지고 있을 때 이러한 주고받는 게임은 자연스럽게 일어나기 어렵다. 따라서 영아의 행동특성에 근거하여 구체적인 기회를 구조화하여 영아의 반응을 지원할 때 주고받기가 가능해진다. 이와 같은 게임은 서로 즐겁게 해야 하고 영아의 능력 내에 있어야 영아의 적극적인 참여를 기대할 수 있다. 예를 들어, 릴리가 알렉스의 뺨을 부비며 소리를 내어 뽀뽀하니 알렉스는 웃음 지으며 머리를 움직이는 것을 발견하였다. 릴리는 주고받는 게임으로써 알렉스의 다른 뺨에 뽀뽀하고, 알렉스가 웃으며 머리를 움직이는 반응을 보이도록 기다렸다. 알렉스가 반응을 보이면 이와 같은 게임을 계속 해 나갔다. 간단한 주고받기 활동을 통해 릴리는 동생과의 상호작용에 자신감을 갖게 되었으며, 알렉스는 누나의 반응적인 태도와 관심을 받는 방법을 알게 되었다.

  영아의 의사소통 시도 권장하기   영아가 선호하는 활동이 파악되고 이것이 일관성 있고 예측 가능하게 이루어진다면 영아가 의사소통을 시도하도록 방해 및 멈추고 기다리는(interruption and pause-and-wait) 전략을 사용할 수 있다. 예컨대, 조시는 '말 타기' 게임을 무척 좋아하는데, 이 게임은 조시를 캐롤라이나 무릎에 앉혀서 튕기는 것이다. 중재자는 캐롤라이나에게 튕기기를 잠시 멈추고 조시의 반응을 기다리라고 코치하였다(Klein, Chen, & Haney, 2000). 처음에 조시는 단지 자신의 머리를 끄덕였다. 그러면 캐롤라이나는 "그래, 이랴, 이랴."라고 말한 뒤 다시 조시를 튕겨주었다. 이렇게 여러 차례 반복하자, 조시는 소리를 내기 시작하였다. 시간이 흐르면서 조시의 소리는 점차 구어에 가깝게 변했다. 중재자는 조시의 진보에 기뻐하며 캐롤라이나가 조시의 언어발달에 훌륭하게 기여하고 있다고 언급하였다. 캐롤라이나는 조시가 좋아하는 다른 활동으로 확장하는 방법에 대해 생각해 보기 시작하였다. 중재자는 제안하길, 캐롤라이나가 조시와 놀이를 시작하기 전에 조시가 먼저 게임을 요청할 수 있는 방법을 찾아보라고 권하였다. 중재자는 말

타기 게임의 성공적인 사례를 조시의 청각장애 교사와 언어병리사와도 공유하였다. 중재자는 말 타기 게임이 조시의 근긴장도와 자세 유지에 도움되는지 여부에 대해 물리치료사에게 자문을 구하였다.

말 타기 게임은 엄마와 자녀의 사회적 상호작용을 촉진할 뿐 아니라 특정 전문영역의 중재를 삽입할 수 있는 자연적 기회를 제공하는 하나의 활동 예다. 말 타기 게임에 삽입할 수 있는 중재의 예는 의사소통, 물리치료(앉기, 균형 잡기, 자세 유지), 작업치료(각성수준, 감각처리) 등이다.

시간에 따른 변화

중복장애를 가진 영아와 가족에게 제공되는 가정방문 서비스의 성격, 빈도, 내용은 기여요인의 양방향적 영향에 따라 시간과 함께 달라질 것이다. 예를 들어, 아동의 발달적 진보 또는 의학적 상태의 변화에 따라 전략이나 활동이 변할 것이고 당면한 요구에 따라 서비스 또한 달라질 것이다.

> 알렉스의 의학적 문제는 두 살 즈음에 해결이 되었다. 부모는 시각장애 교사에게 자신들이 점자를 배울 수 있는 방법을 물어보았고, 유치원 연령의 시각장애 유아의 부모 중 자신들이 만날 수 있는 사람이 있는지를 알아봐 달라고 하였다.

요구가 달라지는 경우, 가장 어려운 사례 중 하나는 전이시기에 일어나는데, 매우 지지적이고 가족중심의 조기중재가 가정에서 제공되는 환경으로부터 교육에 초점을 두고 아동중심으로 운영되는 유치원 환경으로의 전이가 그러하다. 전이과정(예: 진단평가, 배치결정, IEP 개발)을 세심하고 시의적절하게 준비하고 기대하는 것이 아동과 가족에게 매우 중요하다.

조시가 조기중재에서 유치원 서비스로 전이되는 계획을 세워야 하는 시점인 30개월이 가까워지자 캐롤라이나는 조시를 지역의 헤드스타트 프로그램에 보내고 싶다고 조기중재자에게 말했다. 그 이유는 이웃의 많은 아이들이 그 프로그램에 가기 때문이었다. 이렇게 전이에 대해 미리 이야기 나눔으로써 두 사람은 조시가 계속 발달할 수 있고 유치원에서 친구들과 통합될 수 있도록 어떤 지원이 필요한지에 대해 충분한 시간적 여유를 가지고 고민할 수 있었다.

궁극적으로 특정 가정방문 서비스의 효과에 대한 평가는 특정시기에 영아가 가지는 요구와 가족이 가진 우선순위, 관심사, 자원에 얼마나 적합하게 맞아떨어지는지에 관한 평가다. 앞서 설명된 모든 중재는 아동과 가족의 상황과 우선순위가 변하면 이 또한 수정되고 제거되고 다시 재설정될 것이다.

결 론

조기중재에서 가정방문은 증거 기반 가족중심·간학문적 실제를 반영해야 한다. 조기중재에서 증거 기반 실제란 연구와 전문적 지식과 가족의 지혜로부터 나온 것이다(Buysee & Wesley, 2006a, 2006b). 이 글에서 소개된 가정방문 조기중재 서비스의 개념적 체제는 조기중재 문헌과 전문가의 전문성에서 나온 것이다. 양육자-영아 상호작용을 강조하는 것과 선정된 전략은 관련 조기중재 연구 및 전문가와 가족의 경험에 바탕을 두고 있다. 질적으로 우수한 가정방문 조기중재 서비스의 특성은 중재를 설계함에 있어서 가족-전문가의 협력을 중시하는 것이다. 중재는 가족의 우선순위와 관심사를 다루어야 하고, 중재는 가족의 일상적인 일과에 내재된 자연적인 학습기회에 적합해야 하고, 간학문적 접근이 조정됨을 반영해야 한다. 이로써 영아의 발달을 촉진함과 동시에 가족이 영아를 돌보면서 자신감, 유능감, 기쁨을 느끼도록 해야 한다.

주

교신저자: Deborah Chen(deborah.chen@csun.edu)

참고문헌

Bernheimer, L. P., & Weisner, T. S. (2007). "Let me just tell you what I do all day……": The family story at the center of intervention research and practice. *Infants and Young Children, 20*, 192-201.

Bruder, M. D., & Dunst, C. J. (2008). Factors related to the scope of early intervention coordinator practices. *Infants and Young Children, 21*, 176-185.

Buysee, V., & Wesley, P. W. (Eds.) (2006a). *Evidence-based practice in the early childhood field.* Washington, DC: Zero to Three Press.

Buysee, V., & Wesley, P. W. (2006b). Making sense of evidence-based practice: Reflections and recommendations. In V. Buysee & P. W. Wesley (Eds.), *Evidence-based practice in the early childhood field* (pp. 227-246). Washington, DC: Zero to Three Press.

Chen, D., Klein, M. D., & Haney, M. (2007). Promoting interactions with infants who have complex multiple disabilities: Development and field-testing of the PLAI curriculum. *Infants and Young Children, 20*, 149-162.

Chen, D., Klein, M. D., & Minor, L. (2008). Online professional development for early interventionists: Learning a systematic approach to promote caregiver interactions with infants who have multiple disabilities. *Infants and Young Children, 21*, 120-133.

Dunst, C. J., Bruder, M. B., Trivette, C. M., Hamby, D., Raab, M., & McLean, M. (2001a). Characteristics and consequences of everyday learning opportunities. *Topics in Early Childhood Special Education, 21*, 68-92.

Dunst, C. J., Bruder, M. B., Trivette, C. M., Hamby, D., Raab, M., & McLean, M. (2001b). Natural learning opportunities for infants, toddlers, and preschoolers. *Young Exceptional Children, 4*(3), 18-25.

Dunst, C. J., & Kassow, D. Z. (2004). Characteristics of interventions promoting parental sensitivity to child behavior. *Bridges, 2*(5), 1-17. Retrieved February 15, 2008, from http://www.researchtoppractice.

info/bridges/bridges_vol2_no5.pdf

Horn, E. M., & Jones, H. (2004). Collaborating and teaming in early intervention and early childhood special education. In E. M. Horn, M. M. Ostrosky, & H. Jones (Eds.), Interdisciplinary teams. *Young Exceptional Children Monograph Series, No. 6, Interdisciplinary teams* (pp. 11-20). Longmont, CO: Sopris West.

Jung, L. A. (2007). Writing individualized family plan strategies that fit into the routine. *Young Exceptional Children, 10*(3), 2-9.

Kassow, D. Z., & Dunst, C. J. (2004). Relationship between parental contingent-responsiveness and attachment outcomes. *Bridges, 2*(4), 1-17. Retrieved February 19, 2008, from http://www.researchtoppractice.info/bridges/bridges_vol2_no5.pdf.

Keilty, B. (2008). Early intervention home-visiting principles in practice: A reflective approach. *Young Exceptional Children, 11*(2), 29-40.

Klein, M. D. (in press). Home visiting approaches in early intervention serving infants with disabilities. In D. Chen (Ed.), *Early intervention in action. Working across disciplines to support infants with multiple disabilities and families*[CD-ROM]. Baltimore: Brookes.

Klein, M. D., Chen, D., & Haney, M. (2000). *Promoting learning through active interaction. A guide to early communication with young children who have multiple disabilities.* Baltimore: Brookes.

Lynch, E. W., & Hanson, M. J. (2004). *Developing cross-cultural competence. A guide to working with children and their families.* Baltimore: Brookes.

McCollum, J. A., Gooler, F. G., Appl, D. J., & Yates, T. J. (2001). PIWI: Enhancing parent-child interaction as a foundation for early intervention. *Infants and Young Children, 14*(1), 34-45.

McWilliam, R. A. (2005). DEC recommended practices: Interdisciplinary models. In S. Sandall, M. L. Hemmeter, B. J. Smith, & M. McLean (Eds.) *DEC recommended practices: A comprehensive guide for practical application in early intervention/early childhood special education* (pp. 127-146). Longmont, CO: Sopirs West.

Raab, M., & Dunst, C. J. (2004). Early intervention practitioner approaches to natural environment interventions. *Journal of Early Intervention, 27*, 15-26.

Raab, M., & Dunst, C. J. (2006). Influence of child interest on variations in child behavior and functioning. *Bridges, 4*(2), 1-22. Retrieved February 15, 2008, from http://www.researchtoppractice.info/bridges/bridges_vol2_no5.pdf.

Sandall, S., Hemmeter, M. L., Smith, B. J., & McLean, M. E. (2005). *DEC recommended practices: A comprehensive guide for practical application in early intervention/early childhood special education.* Longmont, CO: Sopirs West.

Turnbull, A., Turnbull, R., Erwin, E., & Soodak, L. (2006). *Families, professionals and exceptionality: Positive outcomes through partnerships and trust* (5th ed.). Upper Saddle River, NJ: Prentice Hall.

통합 놀이집단

영아의 발달을 지원하기

Mary-alayne Hughes, Ph.D.,

LaShorage Shaffer, Ed.M.

Hasan Y. Zaghlawan, M.S. University of Illinois at Urban-Champaign

매우 춥고 눈이 오는 2월의 어느 토요일 아침, 10명의 영아들이 부모와 함께 즐거운 시간을 보내고 있다. 달그락거리는 소리, 목소리 등이 방을 가득히 메우고 있는데, 방은 여러 놀이영역으로 구성되어 있다. 다양한 크기, 모양, 재질의 블록이 놓여 있는 매트, 빈 음식상자와 놀이부엌, 장난감 금전등록기, 장난감 마트수레가 있고 책 코너에는 손가락 인형과 봉제인형도 함께 있다. 지저분한(messy) 책상도 있는데, 책상 위에 종이가 깔려 있고 손으로 그릴 수 있는 물감(finger painting)과 면도크림이 준비되어 있다. 영아들은 각자 흩어져 부모와 놀이를 한다. 2세 6개월의 자론은 매트 위에서 파란색 차와 빨간색 차를 움직이며 차 소음을 만들어 낸다. 어머니는 노란책 차를 가지고 옆에 앉아 자신과 자론이 지금 하고 있는 차 놀이에 대해 말한다. 18개월의 빅토리아는 책 코너에서 『배고픈 애벌레』 책을 읽어 주는 아빠의 무릎에 앉아있다. 아빠가 책을 읽어 주는 동안 빅토리아는 애벌레 봉제인형을 안고 있으며 다른 2명의 영아도 이야기를 듣고 있다. 지금 소개된 가족들은 토요일 아침 놀이집단에 참여하는 가족들이다. 이 놀이집단에서 특이한 점은, 이들 중 다수가 발달이 지체된 영아이며, 이 놀이집단 참여가 IFSP 활동 중 하나라는 점이다.

유아들은 놀이를 통해 세상을 배운다. 처음에 놀이는 단순한 게임과 차례로 주고받기 일과의 형태로 나타난다(예: 까꿍 놀이). 유아가 자라고 성장함에 따라 환경에 있는 사람들과 사물과의 상호작용을 통해 놀이는 확장되고 복잡해진다. 이러한 맥락에서 보면, 부모는 아동의 첫 번째 놀이 파트너이자 교사다. 부모는 자녀의 선호, 흥미, 일과에 대해 개별적인 지식을 갖고 있다. 아울러 책, 잡지, 비디오, TV 프로그램, 인터넷을 통해 얻을 수 있는 발달과 학습에 관한 정보는 차고 넘친다. 그런데 쉽게 접근할 수 있는 정보원이 많음에도 불구하고 정보를 이용하여 자녀의 발달과 학습을 촉진하는 방법을 이해하는 데 어려움을 겪는 부모가 많다. 특히 처음으로 부모가 된 경우는 더욱 그러하다. 게다가 자녀가 발달지체 또는 장애가 있는 부모는 더 많은 어려움에 처할 수 있다. 예를 들어, 장애를 가진 아동 중 일부는 의사소통과 운동발달이 지체되어 상호작용과 놀이가 쉽지 않을 수 있다. 부모는 아동의 단서를 잘 읽지 못하여 아동의 상호작용 및 놀이 시도를 잘못 이해할 수 있다.

부모-아동 놀이집단에 참여함으로써 부모는 놀이에 대해 더 많이 알게 되고 자녀의 발달과 학습을 촉진하는 방법도 효과적으로 배울 수 있다. 연구에 의하면, 아동기에 놀이환경을 자극해 줌으로써 인지발달을 촉진할 수 있으며(Stegelin, 2005), 성인의 적극적인 참여로 인해 아동의 사회적 놀이 수준이 증대되고 궁극적으로 인지발달도 변화된다(Ward, 1996). 부모가 놀이의 중요성을 이해하고 놀이파트너로서 자신의 역할에 대해 이해한다면, 부모는 아동의 발달을 지원하는 새롭고 효과적인 전략을 배울 수 있다. 부모가 자녀의 발달에 미치는 자신의 영향력을 이해하고 자녀와의 놀이가 어떻게 자녀의 발달을 지원하는지에 대해 알게 되면 부모는 자녀의 발달과 성장을 강화하는 활동에 더욱 적극적으로 참여할 것이다(Kaiser & Hancock, 2003). 그리고 "아이들이 결코 단순히 노는 것이 아니라는 사실" 또한 부모는 알게 될 것이다(Wilford, 2005, p. 19).

지난 10여 년 동안 자연적인 환경에 중재를 삽입하는 것이 조기중재 분야에서 강조되었으며(Sandall, Hemmeter, Smith, & McLean, 2005), 이 내용이 1997년 「장애인교육법」 개정에서 성문화되었고 2004년 개정에서도 재차 확인되었다. 처음에 자연적 환경에 관한 새로운 정책이 실시될 때, 조기중재자들은 자연적 환경의 개념을 좁은 의미에서 장소나 환경으로 인식하였다. 그러나 최근에는 훨씬 넓은 의미로 개념화가 되었는데, "자연적 환경이란 아동의 학습기회의 원천이 되는 일상적인 경험, 사건, 장소를 의미한다(Dunst, Bruder, Trivette, Raab, & McLean, 2001, p. 18)." 자연적인 기회 내에서 학습은 우연히 발생할 수도 있고 학습활동이 의도적으로 계획될 수도 있다(Dunst et al.).

아동의 가정은 일상적인 일과에서 수많은 학습기회를 제공하는 자연적 상황이다. 조기중재에서 가정방문은 서비스 전달의 우선적인 수단이 된다. 그런데 Dunst, Bruder, Trivette, Hamby 등(2001)의 주장에 의하면, 가정 밖의 수많은 학습기회 또한 서비스를 제공하는 자연적 상황이 된다. 이러한 생태학적 관점에서 놀이집단은 모든 아동과 가족을 위한 규범적인 활동(normative activity)의 예가 된다. 왜냐하면 놀이집단은 우연적 학습기회뿐 아니라 계획된 학습기회를 제공하기 때문이다.

　놀이집단은 다양한 목적으로, 다양한 방법에 의해 계획될 수 있다. 예를 들어, 지역사회 놀이집단 중 부모 참여 없이 아동만 참여하는 형태가 있는가 하면, 부모가 머물지만 놀이집단을 밖에서 관찰하는 형태가 있다. 이와 같은 놀이집단에서 강조하는 바는 또래 사회화다. 또 다른 놀이집단은 아동들이 함께 놀 수 있도록(또래 사회화) 구조화하면서 부모들은 서로 교류하고 지원하는 목적으로 따로 모이는 형태다. 놀이집단이 중재에 효과적으로 이용되려면 연구 및 추천실제에 바탕을 두어야 한다. 부모와 영아의 상호작용(Parents interacting with infants: PIWI)는 근거중심 중재 모형의 한 예다. PIWI는 상업적 교육과정이나 제품이 아니다. 오히려 하나의 체제나 모형이며, 다양한 환경(즉, 가정, 놀이집단 기타 자연적 학습상황 등)에 적용 가능하다. 이 체제의 바탕에 있는 철학은 영아발달과 학습은 관계 맥락 내에서 일어나며 가장 중요한 관계는 바로 일차 양육자(앞으로 부모라 칭함)와 아동이라는 점이다. 중재자의 역할은 상호작용을 증진시킬 수 있는 다양한 전략을 이용하여 부모-아동의 관계를 촉진하는 것이다. 부모와 아동 모두에게 주요 성과는 유능감, 자신감, 그리고 상호 즐거운 상호작용의 증대를 포함한다(McCullum, Yates, & Gooler, 1999).

관계에 근거한 철학을 바탕으로 PIWI 모형을 구성하는 요소들이 [그림 1]에 제시되었다. 요소들은 환경, 계획, 개별화, 촉진자 팀(중재자들), 삼자 관계, 발달 주제, 양자 관계다(McCollum et al., 1999). 가장 중요한 요소는 모형의 제일 위에 위치한 부모와 자녀 간의 양자 관계(dyadic relationship)다. 나머지 요소는 양자 관계를 지원한다.

이 글의 목적은 통합놀이집단의 구조 내에서 PIWI를 이용하는 과정을 설명하는 것이다. 놀이집단의 목적은 ① 부모에게 자녀의 발달을 촉진하는 아이디어를 제공하는 것, ② 부모-자녀 놀이 및 상호작용의 기회를 촉진하는 것, ③ 부모 간 교류와 지원을 증진하기의 세

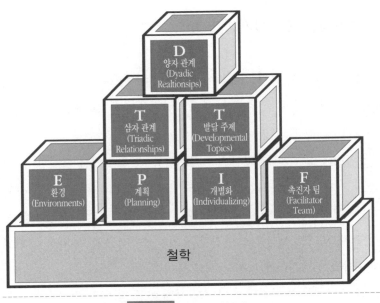

[그림 1] PIWI 구성요소

출처: McCollum et al. (1999). *PIWI projects: A relationship-bsed approach to early intervention. A training curriculum for early intervention personnel, birth-3.*

가지다. 발달이 지체되거나 장애가 있는 영아의 경우, IFSP의 목표를 다룰 수 있는 기회가 매 회기마다 놀이활동 속에 삽입되었다.

놀이집단이 영아들에게 자연적 환경이 되기는 하지만, 이 글에서는 구체적으로 영아들의 통합 놀이집단(즉, 발달지체 영아와 비발달지체 영아가 등록)에 초점을 두었다. 특히 조기중재 서비스의 세 단계, 계획, 실시, 평가단계에 걸쳐 PIWI의 구성요소를 삽입하는 방법에 대해 논할 것이다. PIWI 모형의 구체적인 요소에 관한 더 깊이 있는 논의는 McCollum & Yates(1994), McCollum, Yates, Gooler, & Bruns(2001), McCollum 등(1999)을 참조하기 바란다.

놀이집단 계획하기

중재 도구로서 통합 영아놀이집단을 실시하려면 계획은 필수적이다. 계획단계의 주요 측면은 환경, 참여자 모집, 그리고 개별 회기 계획이다.

놀이집단은 여러 형태의 지역사회 건물과 장소에서 실시할 수 있는데, 예를 들어 레크리에이션 센터, 놀이터, 교회 회의실, 지역사회 회관, 어린이집, 유치원 학급 등에서 할 수 있다. 건물과 장소를 선정할 때 고려할 사항은 놀이집단 참여자 수, 접근성, 주차장 그리고 참여자들이 쾌적하게 느끼는 정도 등이다.

다음 단계는 놀이집단에 참여할 장애 아동 및 비장애 아동의 가족을 모집하는 것이다. 모집정보를 배포하는 방법은 여러 가지이며, 예를 들어 유인물(예: 안내 책자, 전단지), 미디어(예: TV, 라디오), 전자기기(예: 웹사이트, 이메일) 등을 이용할 수 있다. 가능한 한 정보를 널리 배포하고 관심 있는 가족이 접촉할 수 있는 사람을 한 명 지정하는 것이 중요하다.

정보 배포의 가장 간단한 방법은 공공장소나 사설기관, 병원, 학교에 전단지를 붙이는 것이다. 놀이집단이 연간 일정한 시기에 이루어진다면 입소문을 이용한 홍보도 효과적이다. 또 다른 방법은 조기중재의 지역조정위원회(Local Coordinating Council: LCC)를 통하는 것이다. LCC는 보통 0~5세 유아와 가족에게 서비스를 제공하는 여러 공공기관과 사설기관의 대표로 구성되므로 LCC회의나 이들의 연락처를 통해 놀이집단 전단지를 배포할 수 있다.

모집 시 가장 어려운 점은 장애가 있거나 발달이 지체되거나 발달지체 위험이 있는 영아와 가족을 찾는 것이다. 어떤 아동(예: 다운 증후군, 언어지체, 지체장애)은 상대적으로 이른 시기에 쉽게 발견되기도 하지만, 많은 아동은 유치원 시기 또는 초등학교 저학년 시기까지 발견되지 않는다. 장애나 발달지체를 조기발견하더라도 부모는 여러 이유로 인해 비장애 아동과의 놀이집단에 참여를 꺼릴 수 있다. 건강 관련 문제를 하나 들 수 있다. 예를 들어, 자녀가 의학적으로 약하거나 단순히 질병에 잘 걸린다면 부모는 어떠한 유형이든 놀이집단 자체에 참여하는 것을 탐탁찮게 여길 수 있다. 또 다른 이유로, 부모가 자녀에게 발달지체가 있다는 사실에 직면하여 감정적으로 힘든 시기를 보내고 있다면 비장애 아동과의 놀이집단 참여에 소극적일 수 있다. Appl, Fahl-Gooler, McCollum(1997)은 통합 놀이집단에 참여한 경험이 있는 부모들을 대상으로 회고면담(retrospective interview)을 실시하였다. 그 결과에 의하면, 어떤 부모는 놀이

집단에서 자신의 자녀와 비장애 아동 간에 나타나는 차이에 대해 더 민감해져서 놀이집단에 참여하기가 어려웠다고 밝혔다.

이러한 어려움에도 불구하고 많은 부모가 꾸준히 참여하였는데, 그 이유는 다른 부모들과 놀이집단 촉진자가 보이는 수용적 태도와 지원에 의해 시간이 갈수록 편안해졌다고 밝혔다. 가족의 참여를 좀 더 용이하게 하는 한 가지 전략은, 지역의 조기중재자에게 협조를 구하여 이들에게 놀이집단 정보를 제공하여 부모에게 전달토록 하는 것이다. 조기중재자는 가족과 관계를 맺고 있는 사람이며 신뢰할 만한 정보제공자다. 중재자가 가족에게 놀이집단의 효과에 대해 설명하고, 발달주제에 관한 예를 제공하고, IFSP의 목표가 자연스럽게 놀이집단의 사회적 상황에서 촉진되는 방법을 설명할 수 있다. 가족에게 참여를 결정하기 전에 우선 1~2차례 놀이집단을 방문해 보고 결정하도록 선택권을 줄 수도 있다.

다음 단계는 개별 놀이집단 회기를 매 회기 철저하게 계획하는 것이다. PIWI 모형은 간학문적 팀 접근의 추천 실제를 강조하고(McWilliam, 2005), 촉진자 팀은 교육, 언어병리, 작업치료 등의 다양한 영역에서의 중재자들로 구성된다. 팀 접근의 가장 큰 장점은 중재를 전체적으로 통합하고 서비스가 단절되거나 중복되지 않도록 하는 것이다. 팀 접근의 어려움은 계획과 조정에 필요한 시간을 확보하는 것이다. 이 같은 어려움을 해소하는 한 가지 방법은 놀이집단 시간이 매회 끝날 때마다 팀이 모여 피드백을 주고받을 때 계획시간을 확보하는 것이다. 부모와 영아들이 떠나고 난 뒤 20~30분간 정리하고 나서 관찰 내용을 이야기나누고 IFSP 진보를 기록하고 다음 시간의 발달 주제를 선정한다. 이때 남은 시간 동안 촉진자 팀은 다음 회기에 관한 계획을 할 수 있다. 여의치 않으면, 이메일이나 기타 컴퓨터 기기를 활용하여(예: 컴퓨터 서버의 공유파일 이용) 계획을 계속해 나간다.

중재계획 시에 촉진자 팀은 PIWI 구성요소를 세 가지(환경, 개별화, 발달 주제) 더 활용한다. 이 요소들은 놀이집단 계획양식 두 가지에 반영된다. 첫 번째 계획양식(〈표 1〉)은 환경, 집단활동 및 전략, 특정 아동을 위한 개별 중재전략 그리고 팀 역할을 포함한다.

이 양식은 전체 수업계획서의 기능을 하며 계획과정을 구조화하는 데 도움이 된다. 예컨대, 각 영아의 기능적 참여를 지원할 수 있도록 적용 및 수정에 관한 계획을 짜기 위해 촉진자 팀이 모여서 여러 정보(즉, 아동발달에 관한 지식, 부모의 목표와 관심사, 부모와 아동의 흥미, IFSP 성과)를 이용하게 된다. 게다가 비장애 아동을 위한 개별화도 장애가 있거나 발달이 지체되거나 위험이 있는 아동의 개별화 못지않게 중요하다. 모든 아동과 부모가 어떤 형태로든 참여할 기회를 가지도록 활동이 설계된다. 예를 들어, 물놀이 활동을 할 때 휠체어에 앉은 아동이 물에 접근하고 놀이를 하려면 수정이 필요할 것이다. 비장애 아동이 또래보다 키가 작을 경우, 아동이 놀이를 편하게 할 수 있게 작은 의자가 필요할 수 있다.

〈표 1〉 놀이집단 계획양식 견본

	환경 (공간/자료)	집단활동 및 전략	개별전략	팀 역할
인사 및 인사 노래				
시작 토론 (발달적 관찰 주제 공유)				
부모-아동 놀이활동				
간식				
노래와 게임				
마침 토론 (발달적 관찰 주제 공유) 및 인사 노래				

출처: McCollum et al.(1999). PIWI projects: A relationship-bsed approach to early intervention. A training curriculum for early intervention personnel, birth-3.

놀이활동을 개별화하고 계획하려면 환경(예: 공간, 자료, 일정)을 세심하게 살펴보아야 한다. 환경을 미리 조정할 수 있도록 계획양식에 환경이 포함되어 있다. 예를 들어, 특정 형태의 장난감(예: 공, 블록, 감각책상)은 다른 장난감(예: 끌고 다니는 장난감)보다 상호작용을 쉽게 촉진할 수 있다. 영아는 보통 값비싼 상업적 장난감보다 가정에서 흔히 볼 수 있는 단순한 자료와 물건(예: 플라스틱 측정 컵, 플라스틱 용기, 냄비, 종이 박스)에 더 많은 관심을 보인다. 놀이집단 시간에 이러한 자료를 사용함으로써 부모에게 값비싼 장난감을 구입하지 않아도 자녀와 즐겁게 놀이할 수 있음을 알려 준다.

환경의 중요한 측면 한 가지는 공간에 대해 자주 간과하고 있다는 사실이다. 공간을 효과적으로 사용하는 방법에 대해 생각해 보려면 간단하게 바닥계획(floor plan)을 그려 본다. 바닥계획에 여러 놀이 영역의 위치, 가구 배치, 놀이 자료 배치, 놀이영역 사이의 이동경로 등을 그려 본다. 한 공간에 있는 자료의 양 또한 고려한다. 공간에 자료가 너무 많거나 부족하다면 이는 비효율적이다. 새로운 자료는 상호작용을 촉진하므로 자료를 때때로 보관하였다가 다시 꺼내는 방식으로 자료를 활용하는 것 또한 하나의 환경전략이다.

환경에 대한 고려 외에 효과적인 계획에 포함되는 것은 각 아동의 강점, 선호, 흥미뿐 아니라 부모의 관심사와 아동 목표에 관한 정보 수집이다. 이를 수행하는 방법은 여러 가지다. 먼저 가정방문을 하여 부모와의 자연스러운 대화를 통해 아동의 흥미, 일상적인 일과, 선호활동 등을 파악한다. 또한 부모의 우선순위와 관심사를 물어보고 가족이 가진 문화적 차이나 선호를 세심하게 고려한다. 가정방문을 통하여 ① 가족의 아동양육 관련 가치와 실제, ② 아동과 부모, 형제, 그 외 구성원과의 상호작용, ③ 아동에 관한 부모의 관심사 및 목표를 어느 정도 파악할 수 있으며, 또한 조기중재 서비스를 받는 아동의 IFSP 성과 및 교수전략에 관한 내용도 확인할 수 있다. 정보가 수집되면 이를 표로 요약하여 촉진자 팀이 쉽게 정보에 접근하게 한다. 두 번째 정보수집 방법은 매회 놀이집단 시간이 끝날 때 간단하게 피드백 양식을 작성하는 것이다. 피드백 양식에 부모는 ① 자신의 우선순위, 관심사, 선호

에 관한 추가적인 정보, 그리고 ② 오늘 놀이집단 시간에 대한 피드백과 앞으로 다루기를 희망하는 주제를 작성한다. 부모의 피드백을 받는 것은 부모가 자녀에 대해 알고 있는 지식을 존중하고 중재팀의 구성원으로서 부모가 수행하는 역할의 중요성을 인정한다는 사실을 증명한다.

PIWI 모형은 놀이집단 시간 매 회기마다 하나의 발달 주제를 중심으로 구성된다. 이와 같은 발달 주제는 두 번째 계획양식에 반영되는데, 이를 발달적 관찰 주제(Developmental Observation Topic: DOT)라 일컫는다. 촉진자는 놀이집단 시간을 시작하고 끝낼 때 DOT 계획을 이용한다. 특히 DOT는 부모로 하여금 발달의 특정 측면에 주의를 기울이게 하며, 부모가 자녀를 관찰하고 상호작용하는 맥락이 된다. McCollum과 동료들(2001)은 놀이집단 계획양식에 대한 상세한 설명과 예를 제공한다. 〈표 2〉에 DOT의 예가 제시되었다.

놀이집단 실행

놀이집단의 실시 횟수와 각 회기별 시간은 정해진 바는 없으나, 일반적으로 PIWI 영아놀이집단 시간은 약 90분 정도이며 1주일에 한 번 실시된다. 놀이집단의 실행기간은 약 6~8주 소요된다. 일관된 일과를 만들고 적극적으로 참여하게 하며 안전한 환경을 만드는 것이 중요하다. 놀이집단의 순서는 다음과 같다. 인사 및 인사노래(10분), 발달적 관찰 주제에 관한 시작 토론(15분), 부모-영아 놀이(30분), 간식 및 대화(15분), 노래와 게임(5분), 발달적 관찰 주제에 관한 마침 토론 및 인사 노래(15분).

 〈표 2〉 10~30개월 연령의 발달적 관찰 주제 계획

관찰 주제: 아동이 환경을 탐색하는 방법	관찰 초점: 아동이 흥미를 가지고 적극적으로 참여하는 자료
환경 다양한 유형의 사물과 활동(크고 작은 것, 친숙한 것, 낯선 것, 대소근육운동, 물놀이 등), 인형과 차량이 담긴 상자, 공을 넣은 관모양의 상자와 콩 주머니, 양말 상자, 색 테이프가 붙여진 나무 의자, 물놀이 공간, 퍼즐, 블록과 트럭	**해야 할 일** 1. 아동이 자료를 어떻게 탐색하는지 알려면 기다리고 관찰한다. 2. 아동의 행동을 모방한다. 3. 새로운 사물을 추가한다. 4. 아동이 하고 있는 것에 대해 말한다. 5. 아동이 흥미를 가지는 자료를 알기 위해 관찰한다.
시작 토론 도입: 아동은 사물과 사람을 탐색하고 지배하고자 한다. 아동은 환경에서 편안하게 느낄 때와 다양한 사물이 있을 때, 서로 다른 방법으로 탐색한다. 아동의 행동을 관찰하고 아동이 반복해서 하는 활동을 보면서 아동이 무엇을 배우려 노력하는지 알 수 있다. 질문: 아동이 가장 활동적일 때가 언제인가? 아동이 가장 몰두하는 것은? 아동이 오랫동안 놀이하게 만드는 것은? 아동의 놀이에 새로운 사물이나 활동을 추가하면 어떻게 되는가? 예측: 아동이 가장 흥미를 느끼는 자료는 무엇일까? 아동이 무엇을 할	**마침 토론** 예측: 아동이 어디에서 그리고 얼마나 오랫동안 놀이한 것에 대해 놀랐는가? 예상대로 된 것은? 그렇지 않았던 것은? 질문: 아동이 한 영역에서 보낸 시간에 영향을 미친 것은(신기한 자료, 다소 어려운 자료, 부모의 전략)? 아동의 놀이를 확장하기 위해 사용한 전략은? 효과적인 전략은? 연장: 가정에서 아동이 가장 즐기는 자료는? 가정에 있는 자료 중 아동의 놀이를 확장할 때 사용할 만한 것은? 아동의 놀이를 확장하기 위해 가정에서 사용할 수 있는 전략은? 요약: 아동에게 지나치게 쉽거나 지나치게 어려운 놀이는 아동이 놀이

까? 아동은 어느 영역에서 가장 많은 시간을 보낼까?

요약: 아동이 탐색하고 학습하기에 적절한 기회가 생길 때, 상황이 편안할 때, 아동은 집중하고 적극적으로 참여한다(토론시간에 아동의 모습을 예로 제시한다). 아동마다 관심을 가지는 자료가 다르다. 성인은 아동이 활동을 확장하도록 도움으로써 아동의 흥미를 지속시킬 수 있다.

에 몰두하는 것을 방해한다. 아동마다 서로 다른 방식으로 탐색하고 좋아하는 사물 또한 차이가 있다. 선호하는 물건과 활동은 아동이 좀 더 오랫동안 몰두하게 만든다. 아동의 탐색과 적극적인 참여를 촉진하려면 적절한 자극과 적당히 어려움을 제공하는 환경이 필요하다. 부모는 아동이 흥미를 유지하고 활발하게 탐색하도록 도울 수 있다.

출처: "Using 'DOTs' to support parents as developmental observers during parent-child groups", by J. A. McCollum, T. J. Yates, F. Gooler, & D. Bruns, 2001, *Young Exceptional Children, Monograph Series No. 3, Teaching strategies: What to do to support young children's development*(p. 6). Longmont, CO: Sopris West. Copyright 2001 by the Division for Early Childhood.

매 회기 놀이집단을 시작하기 전, 공간을 정리정돈하고 자료를 준비해 두어 일찍 도착한 가족이 편안하게 놀이를 시작할 수 있게 해야 한다. 놀이집단의 활동을 간단히 설명하는 포스터나 사진을 벽에 걸어 두어 늦게 도착하는 가족이 어색함을 느끼지 않고 놀이에 참여하도록 배려한다. 가족들이 모두 도착하면, 이름을 부르며 따뜻하게 맞이하고 녹음된 노래(예: 동요)를 약하게 틀어 둔다. 인사노래는 놀이집단 시간이 시작됨을 알리는 신호인데, 노래 속에 모든 이의 이름이 들어가게 한다. 영아는 자신이 이름을 듣는 것을 매우 좋아한다! 매주 같은 노래를 반복하는 것은 영아의 주의집중력을 이끌어내고 지속성과 예측성을 제공하게 되는데, 이는 발달이 늦거나 장애가 있는 아동에게 특히 중요하다.

놀이집단의 다음 요소는 발달적 관찰 주제에 관한 시작 토론이다. 두 명 이상의 중재자가 촉진자 팀을 구성하는데, 역할을 나누는 것이 좋다. 일반적으로 한 사람이 부모와의 토론을 이끌고, 다른 사람은 토론 목적에 맞게 선정된 자료와 장난감으로 아동들과 놀이를 한다. 이와 같은 역할 분담은 마침 토론에서도 이루진다. 만약에 놀이집단을 촉진하는 데 한 사람의 중재자만 있다면, 참여하는 가족의 숫자를 제한해야 하는 현실적 판단이 요구된다. 이 외에 부모가 시작 토론과 마침 토론에 참여하는 동안 영아들의 주의집중을 유지할 수 있도록 신기한 장난감과 자료를 준비해 두는 것이 필요하다. 다음 사례는 한 명의 촉진자가 토론을 시작하는 내용이다.

인사노래를 부르는 동안 부모와 영아는 카펫 위에 원형으로 앉는다. 노래가 끝나고, 촉진자가 새로운 장난감과 놀이용품을 몇 개 카펫 중앙에 두자 영아들은 흥분하여 소리를 낸다. 부모들은 카펫 가장자리에 둘러 앉아 영아들을 중앙으로 앉힌다. 촉진자는 의사소통에 관한 발달적 주제에 대해 토론을 시작하며 방에 배치된 자료와 활동에 대해 이야기를 나눈다. 빅토리아의 아빠가 딸이 흥미를 느끼는 놀이에 대해 이야기하고 딸이 선호할 것이라 예상하는 활동에 대해 말하는 동안 빅토리아가 장난감을 하나 가지고 아빠에게 와서 무릎에 앉는다. 자론은 인형을 집어 들고서 자리를 벗어나 잠시 돌아다니다가 장난감 식탁의자와 부엌놀이가 비치된 곳으로 향한다. 자론의 엄마는 이를 주시하며 토론에 참여한다. 다른 두 명의 영아는 같은 퍼즐을 원하며 서로 퍼즐조각을 잡아당기고 있다. 촉진자는 한 명의 영아에게 다른 퍼즐을 유도함과 동시에 자론의 놀이 관심사 및 언어적 어려움에 대해 말하는 자론의 엄마에게 귀를 기울인다. 토론이 계속되는 동안, 한 명의 영아가 울음을 터뜨리자 엄마는 영아를 팔에 앉고서 조용한 코너로 가서 영아를 흔들어 주며 토론에 귀를 기울인다. 영아들과 함께 하는 환경은 자주 소란스럽고 분주하지만, 성인들은 금세 여러 가지를 한꺼번에 해내는 방법을 터득하게 된다.

시작 토론에서 가장 중요한 것은 발달적 관찰 주제에 대해 이야기 나누는 것이다. 방의 여러 놀이영역에 비치된 장난감, 자료, 활동에 대해 알려 주고 이들이 오늘의 발달적 관찰 주제와 어떻게 연관되는지를 설명하는 것이 좋다. 추가로, 아동의 발달 및 학습과 제공받는 주제 간의 연관성을 부모가 이해할 수 있도록 촉진자는 발달 정보를 제공해야 한다. 시작 토론의 핵심적인 부분은 그다음에 이루어진다. 부모에게 자녀가 무엇에 흥미를 느낄 것인지와 자녀가 어떤 활동을 시도할 것인지를 예측해 보게 한다. 이러한 예측(prediction)은 부모가 얼마나 자녀를 잘 알고 있는지를 측정하는 것이 아니므로 정답은 없다. 오히려 예측은 본질적으로 관찰을 촉진하기 때문에 하나의 전략으로 사용된다. 자녀가 무엇을 할지 또는 무엇을 즐길지에 대해 부모가 예측한다면, 부모는 자신의 예측이 실제로 일어나는지 확인하고자 관찰할 것이다. 이러한 관찰이 상호작용의 디딤돌이 된다. 시작 토론에서 부모가 예측하는 바를 종이에 작성하여 마침 토론 시 확인해 본다.

시작 토론의 속도와 지속시간은 토론 참여를 부모가 얼마나 편안하게 여기는지와 영아들이 토론시간 동안 얼마나 장난감과 자료에 몰두하는지 여부에 달려 있다. 시작 토론은 토론의 요점을 간략하게 보고하는 것으로 마무리한다. 인사노래처럼 시작 토론에서 놀이활동으로 옮겨가는 신호를 만드는 것이 중요하다. 이는 단순하게 알리기(예: "놀이시간입니다.") 또는 약간 정교한 신호(예: 활동노래 또는 춤 동작)로 할 수 있다. 중요한 것은 매 회기 같은 신호를 사용해야 한다는 점이다. 놀이집단을 몇 번 실시하다 보면 놀이집단 일과가 익숙해짐에 따라 회기를 시작하고 놀이집단을 촉진하는 것이 점차 수월해진다.

매회 실시하는 놀이집단에서 가장 중요한 요소는 부모와 자녀의 상호작용 기회이므로 부모-영아 놀이활동이 가장 중요한 부분을 차지한다. 놀이환경을 의도적으로 배치하고 자료와 활동을 미리 신중하게 선택하고 나면, 중재자의 역할은 상호작용을 유도하는 다양한 전략을 사용하여 부모-영아 간 상호작용을 촉진하는 것이다. PIWI 모형에서는 이 전략을 삼자 전략(triadic strategies)라 일컫는데, 세 사람 즉 영아, 부모, 조기중재자가 연관되기 때문이다([그림 2]).

촉진자 팀은 영아의 발달을 지원하는 부모-영아 상호작용을 계발하고 확장하고 강화하기 위해 삼자 전략을 사용하며, 동시에 부모가 이미 가진 역량을 인정하고 강화한다(McCollum et al., 1999). 〈표 3〉에서 삼자 전략을 간략하게 설명한다. 좀 더 자세한 설명을 원한다면 McCollum과 Yates(1994)를 참고하기 바란다.

PIWI 모형의 초점은 부모-영아 상호작용에 있으나, 통합 놀이집단이 가진 이점은 또래 상호작용과 사회화의 기회다. 장애가 있거나 발달이 지체된 많은 영아에게 놀이집단은 비장애 또래와 함께할 수

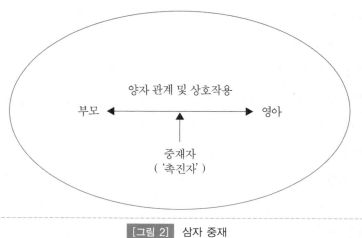

양자 관계 및 상호작용

부모 ◀————▶ 영아

중재자
('촉진자')

[그림 2] 삼자 중재

있는 흔치 않은 기회 중 하나다. 놀이집단의 또래는 자연스러운 언
어모델이 되고, 또래의 호기심과 장난기로 인해 영아는 또래에게 근
접하고 적극적으로 참여하는 기회를 가지게 된다. 촉진자 팀은 또래
상호작용이 자연스럽게 일어나도록 환경을 조성할 수 있다. 아울러
부모도 같은 놀이공간에서 자녀 및 또래와 놀이하면서 자연스럽게
또래 상호작용을 촉진하게 된다.

〈표 3〉 PIWI 삼자 전략

삼자 전략	설명	예시
양자상황(dyadic context)을 만든다.	발달상 적절하면서 함께 즐길 수 있는 부모-영아 상호작용 및 놀이가 되도록 환경을 조성한다.	촉진자는 엄마가 영아의 놀이 모습을 잘 볼 수 있는 위치에 영아를 둔다.

부모의 역량을 입증한다.	발달상 도움되는 상호작용을 인정하고 확장한다.	촉진자가 "○○가 크게 웃는 모습을 보세요. 엄마와 이렇게 노는 것을 정말 좋아하네요."라고 말한다.
초점을 맞춘다.	부모가 자신 또는 자녀의 특정한 행동이나 능력에 집중하도록 상호작용의 부분에 대해 언급하고 확장하고 질문한다.	촉진자는 마치 영아가 말하듯이 "이 공을 어떻게 하면 저 상자의 구멍에 넣지?"라고 부모에게 간접적으로 말한다.
발달 정보를 제공한다.	놀이 및 상호작용 상황에서 확인되는 영아의 정서, 인지, 언어, 운동 능력에 대해 구두로 명명하거나 해석함으로써 영아의 발달에 관한 정보를 제공한다.	촉진자는 영아의 팔을 뻗는 행동을 유도하기 위해 사물이나 장난감을 사용하는 방법을 부모에게 설명한다.
시범을 보인다.	촉진자는 양자 간 상호작용을 시범보인다.	촉진자는 영아와 주고받기(turn-taking) 상황을 만들어서 "아빠가 이제 놀이하고 싶어."라고 말한다.
제안한다.	촉진자는 부모가 영아에게 시도할 수 있는 것을 제안한다.	촉진자는 "블록을 쌓으면 어떻게 될까?"라고 말한다.

출처: McCollum et al. (1999). *PIWI Projects: A relationship-based approach to early intervention. A training curriculum for early intervention personnel, birth-3.*

부모-영아 놀이가 종료되면, 가족과 영아들은 간식자리로 이동한다. 이와 같은 전이를 원활하게 하는 데 비눗방울 불기가 효과적으로 사용된다. 영아들은 비눗방울 터뜨리기에 뜨거운 관심을 보이며 비눗방울을 따라 간식자리로 자연스럽게 이동하게 된다. 간식은 가정에서 흔히 먹듯이 제공하여 가족과 영아들이 상호작용하게 한다. 부모들은 이 시간에 서로 이야기 나누며 자녀의 건강, 발달, 영양 등에 대해 정보를 공유하고 지역사회 내 부모가 가진 자원에 대해서도 정보를 교환한다. 아울러 촉진자 팀은 이 시간을 일상적인 일과(예: 식사시간)에서 경험하는 식사 문제에 대해 이야기 나누는 자연스러운 기회로 이용하며, 또한 영아의 언어발달을 촉진하는 방법에 대하여 시범을 제공한다.

    간식과 마침 토론 간의 전이로서 노래와 게임을 이용한다. 노래에 행동과 율동이 포함되면 영아들은 더욱 적극적으로 참여하게 된다. 영아들은 반복을 즐기므로 반복되는 절이 있는 노래나 친숙한 노래를 부르면 좋다. 노래와 게임은 기본적인 개념과 언어를 강화하는

학습도구다. 부모에게 자녀가 좋아하는 노래와 게임을 확인하여 이를 놀이집단에서 자주 이용한다. 마침 토론으로의 전이를 위하여 주로 앉아서 하는 노래나 게임(예: 자장가, 손가락 놀이)이 사용된다. 그리고 마침 토론에 부모가 참여할 동안 영아들이 놀이할 수 있는 새로운 놀이자료들이 제공된다. 발달적 관찰 주제를 재검토하고 부모에게 자녀에 대한 자신의 예측을 검토하고 관찰한 것을 공유하도록 유도한다. 촉진자는 부모의 발달적 관찰 주제에 대한 이해를 강화하고 확장하는 자연적 기회로 토론을 사용한다. 토론의 마무리 즈음에 부모에게 앞으로 놀이집단에서 다루고 싶은 주제, 활동, 자료가 있는지 물어본다. 이렇게 함으로써 부모가 가진 관심사, 우선순위, 흥미에 관한 추가적인 토론이 때로 이루어지기도 한다. 또한 가정에서 부모가 실시할 수 있는 활동, 노래와 자원 및 발달에 관한 주요 정보를 적은 유인물을 부모에게 제공하면 부모들이 좋아한다.

놀이집단 평가

각 영아의 진보를 기록하고 놀이집단의 다음 회기를 준비하기 위해서는 어떤 형태로든 평가가 이루어져야 한다. 놀이집단 회기마다 평가하는 한 가지 방법은 부모의 피드백을 받는 것이다. 놀이집단이 종료되면 부모가 자리를 뜨기 전에 서면으로 작성하는 피드백 양식을 부모에게 주어 이를 작성하게 하는 것이다. 이때 유의할 사항은 부모가 기입할 내용을 간단하고 짧게 만드는 것이다. 예컨대, 당일 이용한 특정 활동과 자료에 대한 두세 가지 질문을 포함하고 비고란을 만들어 부모가 앞으로의 발달 주제에 대해 제안 등을 쓸 수 있게 한다.

　부모와 영아가 집으로 돌아간 이후, 촉진자 팀은 함께 모여 당일 회기에 대해 이야기 나누고 평가하는 것이 좋다. 계획양식을 이용하여 시작부터 종료까지 놀이집단의 부분들을 점검해 가며 반성한다. 반성의 초점은 잘 된 점을 확인하는 것과 다음 회기를 위해 보완해야 할 점을 확인하는 것이다. 지침이 되는 질문의 예를 들면, 시작 토론이 얼마나 효과적이었나? 부모들이 적극적으로 참여하였나? 부모-영아 상호작용 활동은 영아에게 발달상 적합하였는가? 활동과 자료는 영아와 부모에게 충분히 매력적이었나? 어느 가족에게 어떤 삼자 전략이 효과적이었나? 놀이집단 회기가 좀 더 성공적으로 활발하게 이루어지려면 어떤 수정이 필요한가? 등이다.

　이와 같은 질문에 답을 찾는 과정에 팀원은 반성하고 토론하고 관찰을 기록하는 기회를 가진다. 이러한 기록은 진보 점검(IFSP 성과)에 사용되고, 다음 회기를 위한 계획에도 사용된다. 이러한 정보는 특히 개별가정방문을 통해 조기중재 서비스를 추가로 받는 가족을 위한 계획 및 중재에도 유용하게 쓰일 수 있다. 예컨대, 자론의 IFSP 장기목표 중 한 가지는 자신이 원하는 것과 필요로 하는 것을 단어로 표현하는 것이다. 놀이집단의 촉진자 중 한 사람이 IFSP를 읽고서 IFSP에 기록된 어휘와 전략을 놀이집단 활동에 삽입하기 위하여 자론의 어머니 및 자론의 조기중재자와 상담하였다. 놀이집단의 상호작용 속에서 촉진자들은 자론의 한 단어 발화를 기록하였다. 마침 인사노래가 끝났을 때, 촉진자들은 자론의 어머니와 관찰 내용을 공유하였다. 이때 어머니 또한 자신이 관찰한 바를 추가로 언급하였다. 촉진자 한 사람이 이 정보를 이메일로 자론의 어머니와 자론의 조기중재자에게 보냈다.

요 약

통합놀이집단은 본질적으로 영아와 가족에게 자연적인 학습기회를 제공한다. 아울러 추천실제를 반영하는 중재모형에 근거한다면, 놀이집단은 조기중재 서비스를 실행하는 효과적인 수단이 될 수 있다. 그러나 중재로서 놀이집단을 이용하는 것은 철저한 계획을 요하며 부모-아동 관계를 으뜸으로 하는 철학이 깔려 있어야 한다. 이러한 특성의 전형적인 예가 바로 PIWI 모형이다. PIWI는 아동의 발달을 지원하는 부모의 역량을 인정하고 부모의 자신감을 발전시킨다. 개별화된 계획을 세우고, 환경을 의도적으로 조성하며, 중재자는 삼자 전략을 이용하여 긍정적이면서 서로 즐기는 양자 상호작용을 촉진한다.

통합놀이집단이 중재의 수단으로 사용될 때, 겉으로 보이는 것이 전부가 아니다. 서두의 자론과 빅토리아처럼 통합 놀이집단은 IFSP의 장기목표를 재미있고 즐겁게 성취하는 기회가 된다.

주

교신저자: Mary-Alayne Hughes(mahughes@illinois.edu)

참고문헌 💡

Appl, D. J., Fahl-Gooler, F., & McCollum, J. A. (1997). Inclusive parent-child play groups: How comfortable are parents of children with disabilities in the groups? *Infant Toddler Intervention, 7*, 235-249.

Dunst, C. J., Bruder, M. B., Trivette, C. M., Hamby, D., Raab, M., & McLean, M. (2001). Characteristics and consequences of everyday natural learning opportunities. *Topics in Early Childhood Special Education, 21*, 68-92.

Dunst, C. J., Bruder, M. B., Trivette, C. M., Hamby, D., Raab, M., & McLean, M. (2001b). Natural learning opportunities for infants, toddlers, and preschoolers. *Young Exceptional Children, 4*(3), 18-25.

Individuals with Disabilities Education Improvement Act of 2004, Pub. L. No. 108-446, U.S.C §1400.

Kaiser, A. P., & Hancock, T. B. (2003). Teaching parents new skills to support their young children's development. *Infants and Young Children, 16*, 9-21.

McCollum, J. A., Yates, T. J. (1994). Dyad as focus, triad as means: A family-centered approach to supporting parent-child interactions. *Infants and Young Children, 6*, 54-63.

McCollum, J. A., Yates, T. J., & Gooler, F. (1999). *PIWI projects: A relationship-based approach to early intervention. A training curriculum for early intervention personnel* (birth-3). (Available from University of Illinois Early Childhood Projects, Children's Research Center, 51, Gerty Drive, Champaign, IL 61820.)

McCollum, J. A., Gooler, F. G., Appl, D. J., & Yates, T. J. (2001). PIWI: Enhancing parent-child interaction as a foundation for early intervention. *Infants and Young Children, 14*(1), 34-45.

McWilliam, R. A. (2005). DEC recommended practices: Interdisciplinary models. In S. Sandall, M. L. Hemmeter, B. J. Smith, & M. McLean (Eds.) *DEC recommended practices: A comprehensive guide for practical application in early intervention/early childhood special education* (pp. 127-146). Longmont, CO: Sopirs West.

Sandall, S., Hemmeter, M. L., Smith, B. J., & McLean, M. E. (2005). *DEC recommended practices: A comprehensive guide for practical application in early intervention/early childhood special education.* Longmont, CO: Sopirs West.

Stegelin, D. A. (2005). Making the case for play policy. Research-based reasons to support play-based environments. *Young Children, 60*(2), 76-85.

Ward, C. D. (1996). Adult intervention: Appropriate strategies for enriching the quality of children's play. *Young Children, 51*(3), 20-25.

Wilford, S. (2005, November). Sharing the power of play with parents. *Scholastic Early Childhood Today,* 18-19.

사회적 숙달 동기

유아를 위한 비계설정 기회

Patricia M. Blasco, Ph.D., Oregon Health and Science University

오늘은 위(Wee) 어린이집에서 한 달에 한 번 실시하는 수영하는 날이다. 장애 유아 가정을 포함하여 부모들과 유아들은 지역의 YMCA에서 한 달에 한 번 오전에 수영시간을 가지는데, 이는 조기중재팀에서 마련한 프로그램이다. 수영 후 탈의실은 영아, 부모, 직원들로 붐빈다. 어머니가 사라의 몸을 수건으로 닦고 옷을 갈아입힐 때 갑자기 날카로운 비명소리가 들려왔다. 비명소리에 놀란 사라를 안고서 어머니는 소리가 들리는 방향으로 고개를 돌렸다. 자폐성 장애를 가진 제이슨이 의자에서 떨어져 있었다. 당시 교사는 다른 영아들을 돌보느라 바빴다. 제이슨의 어머니는 얼른 제이슨을 들어 올려 꼭 껴안았으며, 교사는 제이슨의 머리와 상체 등에 부상이 없는지 살펴보았다. 제이슨은 별다른 외상은 없어 보였지만, 비명을 지르며 심하게 울어댔다. 많은 영아들은 이 광경에 충격을 받은 듯 표정이 좋지 않았다. 몇 분 후 제이슨은 어머니의 품에서 진정되기 시작하며 조금

165

씩 몸을 움직였다. 사라의 어머니가 사라의 얼굴표정을 보니, 조금 전의 걱정스러운 표정이 완화되었다. 어머니는 사라가 공감을 나타내고 있음을 알아챘다. 어머니는 사라에게 제이슨에게 가서 "아프지."라고 말하며 과자를 나누어 주겠느냐고 물었다. 사라가 머리를 끄덕이자 어머니는 사라에게 과자봉지를 건넸다. 사라는 처음에는 약간 망설여졌지만 미소로 격려하는 어머니를 다시 쳐다보았다. 사라는 제이슨에게 "제이슨 아프지?"라 말하고 과자를 건넸다. 제이슨은 어머니가 "제이슨, 사라가 과자를 주네."라고 말하자 사라를 쳐다보았다. 제이슨은 사라가 건넨 과자봉지를 보고서 손을 뻗어 과자 몇 개를 집었다. 제이슨의 어머니가 "제이슨, '고마워'라고 말해."라고 하자 제이슨은 "고마워."라고 말하고 어머니 품에 안겨 과자를 먹었다. 사라가 어머니에게 돌아오자 어머니는 꼭 껴안아 주었다. 어머니는 "잘했어, 네가 제이슨의 기분을 풀어 주었네."라고 말하였다.

여러 환경에서의 사회적 기술발달 및 적합한 사회적 행동 이해 능력은 장애를 가진 유아뿐 아니라 발달적 위험이 있는 유아에게 계속 문제가 된다. 개정된 「장애인교육법(IDEA)」에 의하면, 학대와 방임의 위험에 처한 영아는 Part C의 서비스를 받을 수 있다. 영아는 자신의 환경에 있는 성인으로부터 사회적 기술을 배우고 모방하며 기술을 연습하다가 나중에는 형제 및 또래와의 놀이 속에서 사회적 기술을 배우고 연습하게 된다. 환경적 또는 생물학적 위험에 처한 아동과 장애 아동은 사회적 행동을 쉽게 학습하지 못하며 사회적 환경에 일반화하는 데 어려움을 가질 수 있다. 따라서 사회 · 정서발달영역에서 아동의 학습경험을 해석하고 비계화 (scaffolding)할 필요성이 분명히 있다. 사라와 제이슨의 어머니는 자녀가 사회적 상호작용에 참여하는 것을 도왔다. 부모의 도움을 받아 사회적 목표를 연습함으로써 영아들은 사회적 상호작용을 하였다. 아동이 목적 지향적인 사회적 학습에 참여할 때 아동은 사회적 숙달 동기를 나타낸다.

사회적 숙달 동기의 개념 이해하기

사회적 숙달 동기(social mastery motivation)란 성인 및 또래와의 관계에서 접촉을 시도하거나 적절한 반응을 보임으로써 적절한 사회적 상호작용을 지속하는 것으로 정의된다(Blasco, 1995; Hupp, Boat, Utke, & Connors, 1995; Hupp & Utke, 2001; MacTurk, Hunter, McCarthy, Vietze, & McQuiston, 1985). 예컨대, 서두의 사례에서 두 부모는 영아들의 시도행동을 격려하고 지원하였다. 사회적 숙달 동기의 이론적 개념화는 좀 더 넓은 개념인 숙달 동기 (mastery motivation)에 근거한다. 후속연구자들에게 지대한 영향을 미친 White(1959)와 Hunt(1965)는 숙달 동기를 유능해지고자 하는 갈망으로 보았다. 숙달 동기가 인지적 과제를 끈기 있게 하듯 사회적 숙달 동기는 사회적 과제를 끈기 있게 하는 것으로 정의된다. 문제해결 상황 및 사회적 환경에서 조정하고 효율적이고자 하는 동기는 내재적일뿐 아니라 외현적이다.

사회적 숙달 동기는 사회적 유능감(social competence)을 성취하기 이전에 나타나는 것으로서, 사회적 환경에 영향을 미치고자 하는 동기유발이므로 사회적 유능감과는 차이가 있다. 사회적 숙달 동기를 보이는 유아는 사회적 능력이 아직 숙달되지 않은 채 이제 막 싹트기 시작한다. 사회적 유능감이란 사회적 상황에서 인식하고 해석하고 적절하게 반응하는 능력을 가리킨다(Kostelnik, Whiren, Soderman, Gregory, & Stein, 2002). 따라서 사회적 유능감을 갖춘 아동은 성인 및 또래와의 사회적 상호작용을 성공적으로 한다(Landry, 2006). 아동이 사회적 목표에 도달하기 위하여 사회적 상호작용을 끈기 있게 시도하는 것(Hupp & Utke, 2001)이 사회적 숙달 동기의 개념이다.

사회적 숙달 동기와 장애 아동

장애를 가진 아동은 내재적으로나 환경적 영향에 의해 사회적 상호작용에 적극적으로 참여하는 것이 쉽지 않다(Brown, Odom, & Conroy, 2001; Hauser-Cram, 1996, 1998). 예를 들어, 경련장애를 가진 아동은 복용하는 항경련제 약물이 가진 진정작용으로 인해 자신의 사회적 환경과 상호작용하는 데 어려움을 겪을 수 있다(Hauser-Cram, 1996). 또한 연구에 의하면, 장애를 가진 아동은 혼자놀이(Pierce-Jordan & Lifter, 2005)와 평행놀이(Bailey, McWilliam, Ware, & Burchinal, 1993)를 주로 하는 것으로 보고되며 비장애 또래에게 사회적 시도를 거의 하지 않는 것으로 보고된다(Blasco, Bailey, & Burchinal, 1993). 또 다른 연구에서 유아가 적절한 사회적 상호작용에 적극적으로 참여하고(Odom, McConnell, & Chandler, 1993) 또래 주도의 사회적 의사소통을 증대하기 위해서는(Craig-Unkefer, 2003), 유아를 다른 유아 옆에 가까이 두는 것 이상의 조치가 필요하다는 주장이 제기되었다. 유아가 사회적으로 시도하고 반응하는 노력을 하는 데 있어서 성인의 격려와 지원이 절대적으로 필요하다.

양육자의 역할과 사회적 숙달 동기를 위한 비계 설정

Berk와 Winsler(1995)가 언급하였듯이, "사회적 환경은 아동이 새로운 능력을 형성해 가는데 필수적인 비계(scaffold) 또는 지원 시스템이다."(p. 26) 양육자(부모, 서비스 제공자)는 아동이 처음에 사회적 숙달 동기를 시도하고자 할 때 반드시 비계를 제공해야 한다. 양육자에게 필요한 능력은 아동의 사회적 시도를 해석하고 이해하는 것이고, 아동에게 필요한 능력은 처음에는 성인에게 사회적 시도를 하는 것과 그다음에는 또래에게 사회적 시도를 하는 것이다. Keilty 와 Freund(2004)는 특정 사회적 목표의 예시를 다음과 같이 설명하였다. 숟가락을 사용하는 데 도움이 필요한 영아가 있다. 영아가 도움을 요청하는 방법을 배우는 것이 사회적 숙달 동기를 시사한다. [그림 1]에서 아동 특성(예: 기질, 행동)과 부모나 양육자의 특성(예: 아동의 단서를 읽는 능력, 아동의 사회적 시도 및 반응을 위해 비계를 제공하는 능력)이 어떻게 아동의 사회적 숙달 동기를 촉진하고 최종적으로 아동의 사회적 유능감을 증진시키는지 보여 준다.

부모나 양육자가 아동의 단서를 읽고 적절하게 반응할 때 아동의 특성과 부모의 특성 간에 적합도(goodness of fit)가 이루어진다

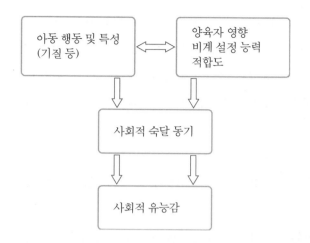

아동 행동 및 특성
(기질 등)

⟺

양육자 영향
비계 설정 능력
적합도

⬇   ⬇

사회적 숙달 동기

⬇   ⬇

사회적 유능감

사회적 숙달 동기를 위한 비계 설정

- 영아를 부드럽게 안거나 잡고서 영아의 관심사를 찾기 위해 영아의 눈을 관찰하고, 영아가 나와 장난감에 쉽게 접근하도록 자세를 취한다.
- 영아의 시도를 따라가고 확장한다.
- 영아가 내는 소리와 표현을 모방한다.
- 영아의 행동과 나의 행동에 대해 말한다.
- 영아의 흥미와 신호를 알아채고 반응한다.
- 영아가 편안함을 느끼고 안전하게 탐색하도록 돕는다.
- 영아가 각 단계를 숙달하도록 정서적으로 지지한다.
- 새로운 사회적 기술을 시범 보인다.
- 구체적인 피드백으로 영아를 칭찬한다(예: "장난감 치우는 것을 잘 도와주었구나!").
- 영아가 숙달의 기쁨을 느끼도록 강조한다(예: "기분이 좋지?").
- 제한을 둘 때는 명확한 어휘를 사용하고 일관적으로 사용한다.
- 영아의 자기결정력을 촉진하기 위해 적절한 선택기회를 제공한다.
- 관찰하고, 기다리고, 귀 기울인다.

[그림 1]

출처: P. M. Butterfield, C. A. Martin, & A. P. Prairie (2004). *Emotional connections: How relationships guide early learning.* Washington, DC: Zero to three.

(Thomas & Chess, 1977). 장애를 가진 아동과의 반응적 상호작용이 이루어지려면, 부모나 양육자는 자세를 낮추어 아동의 눈높이에서 상호작용을 하고, 아동의 관심사를 따라가고, 아동이 흥미를 보이고 아동의 발달수준에 적합한 자료나 물건을 확인해야 한다.

다음 사례는 부모와 서비스 제공자가 영아의 사회적 숙달 동기를 비계화함과 동시에 또래와의 사회적 참여를 준비시키는 내용을 담고 있다.

후안의 연령은 2세이며 언어적 문제로 인해 조기중재를 받고 있다. 후안은 어머니와 조기중재자가 옆에 앉아 있는 곳에서 장난감 놀이를 하고 있다. 어머니와 중재자는 후안이 자연스럽게 놀이를 하는 일과 속에서 후안의 어휘 사용을 증가시키는 방법에 대해 이야기 나누고 있다. 이때 후안이 갑자기 일어나 어머니에게 다가와 어머니를 바닥에 밀어뜨리고서 어머니 위에 눕는다. 중재자가 갑작스런 상황에 당황스러워하자, 어머니는 웃음을 터뜨린다. 어머니는 "우리가 제일 좋아하는 게임이에요. 후안이 나를 밀어뜨리면 나는 후안을 껴안아요."라고 말한다. 중재자는 이 같은 상황이 바로 후안의 언어기술과 사회적 기술을 촉진할 수 있는 자연스러운 기회라고 생각한다. 그래서 어머니에게 제안하길, 다음에 후안이 어머니를 넘어뜨리려 할 때, 어머니가 똑바로 앉아서 "무엇을 원하니?"라고 말한 뒤 잠시 기다렸다가 후안이 말을 하지 않으면, "넘어지라고 해 봐."라고 말하도록 하였다. 이렇게 함으로써 후안은 언어기술을 습득함과 동시에 어머니에게 사회적 상호작용을 요청하는 방법도 배우게 된다.

후안의 어머니는 후안에게 언어적 요청이 사회적 상호작용에 선행한다는 사실을 가르침으로써 사회적 숙달을 비계화한다. 후안이 요청을 하면 자신이 좋아하는 게임을 할 수 있게 되고 어머니의 포옹도 받게 된다. 아울러 조기중재자는 관찰과 임상적 판단을 이용하여 자연적 환경의 일과 속에서 발생하는 학습기회를 장려한다(Dunst, Bruder, Trivette, Raab, & McLean, 2001). 중재자가 가진 추천실제에 관한 지식과 중재자의 바람직한 임상적 판단이 결합될 때, 중재자는 근거중심의 실제를 하게 된다(Buysse & Wesley, 2006).

〈표 1〉은 비장애 영아의 사회 · 정서적 행동을 나타낸다. 그런데 장애를 가진 영아는 비장애 영아와 조금 다른 사회 · 정서적 행동을 보일 수 있다. 그러므로 부모와 중재자가 협력하여 진단평가 관련 다양한 정보(예: 규준지향 평가, 교육과정 중심 평가, 관찰, 부모 보고)를 통하여 개별아동의 능력과 싹트는 기술(emerging skills)을 확인하는 것이 중요하다(Blasco, 2001). 이렇게 함으로써 부모와 중재자는 영아에게 적합하고 실현 가능한 사회적 목표를 세울 수 있다.

〈표 1〉 사회 · 정서적 행동(영아)

연령	행동	행동 특성
1~3개월	성인의 목소리 인식	친숙한 목소리, 큰 목소리, 화난 목소리를 구별한다.
	포옹	성인이 안거나 포대기로 감싸면 진정한다.
	상호작용 유지 및 회피	성인에게 옹알이를 하고 미소 짓거나 성인으로부터 고개를 돌린다.
4~8개월	의도적 의사소통	손을 뻗거나 말소리를 낸다.

	관심 찾기	소리를 내거나 신체적으로 가까이 있으려 한다.
	환경 탐색	사람과 주위의 활동을 관찰한다.
	주양육자에 대한 선호 표현	탐색하는 동안 주양육자의 손이 닿는 공간 에 머무른다.
	사회적 게임	웃고 짝짜꿍 놀이나 까꿍 놀이에 반응한다.
8~12개월	낯선 사람에 대한 불안	주양육자에게 매달린다.
	독립심	양육자의 요구에 저항한다.
	자아의식 발달	원하는 물건이나 사람을 향해 손짓하고 소 리를 내고 장난감이나 물건을 건넨다.

출처: K. E. Allen & L. R. Marotz (2003). *Developmental profiles: Pre-birth through twelve* (4th ed.) Albany, NY: Delmar; P. M. Blasco (1995). Understanding the emotional and behavioral development of young children: Birth to 3 years. In T. J. Zirpoli (Ed.), *Understanding and affecting the behavior of young children* (pp. 34-59). Englewood Cliffs, NJ: Prentice Hall: J. W. Gowen & J. B. Nebrig (2002). *Enhancing early emotional development: Guiding parents of young children.* Baltimore: Brookes.

예를 들어, 장애를 가진 영아의 경우, 특히 영아가 신체적으로 움 직이지 못하거나 환경을 탐색하지 못한다면 성인이 영아의 관심사 를 해석할 필요가 있다.

32개월의 조이는 놀이를 무척 좋아하지만 경직형 뇌성마비를 가 진 관계로 움직임의 제한을 받는다. 어머니는 조이의 눈과 얼굴표정 만 보고 조이가 뭘 하려는지 금세 알아챌 정도로 능숙하게 단서를 읽 는다. 아기 때부터 어머니는 조이의 시선을 따라가며 조이가 흥미를 보이는 대상에 대해 말해 주었다. 예컨대, 조이가 애완 고양이를 보고 있으면 고양이에 대해 말해 주고 고양이를 조이 앞에 데려왔다. 지금까지 조이는 눈과 얼굴표정을 이용하여 의사소통하는 데 별 어려움 없이 지내왔다. 중재팀에서는 그간 보완대체 의사소통 도구의 중요성에 대해 여러 차례 논의했으며, 어머니는 조이의 유치원 입학 전에 시도하기를 원했다.

가을에 입학할 유치원 준비 과정에, 가정방문 중재자가 두 개의 보조도구를 가져와 조이에게 "안녕(hello)." "또 보자(bye)."와 같은 간단한 어휘를 말하도록 지도하려 한다. 도구는 간단하게 프로그램화되는 것인데, 어휘를 말하면 이를 녹음해서 조이가 스위치를 누르면 그 목소리가 들리게 하는 것이다. 조이의 형이 "안녕." "또 보자."를 말하고 이를 도구에 녹음한다. 조이가 도구 스위치를 적절하게 사용하는 방법을 학습하는 것이 사회적 숙달 동기를 의미한다. 조이는 도구에서 들리는 목소리를 듣고서 미소 지으며 소리를 낸다. 조이의 도구 사용 기술을 시험해 보기 위해 어머니와 중재자는 어린이 놀이공간을 갖춘 인근의 커피전문점에 조이를 데려간다. 놀이공간 가까이에 조이의 휠체어를 두고 탁자 위에 보조도구를 놔둔다. 조이가 오른쪽 스위치를 누르자, "안녕." 소리가 들린다. 놀이공간에 있는 아동들은 자신의 부모를 쳐다본다. 부모가 미소 짓자 아동들은 "안녕." 하며 답한다. 작은 여아가 조이에게 다가와 조이의 탁자 위에 장난감을 두며, "너도 놀고 싶어?"라고 말한다. 조이는 머리를 끄덕인다. 이 때 어머니와 중재자는 조이의 어휘가 확장될 필요가 있음을 즉시 깨닫는다. 잠시 후 집에 가야할 시점에 조이는 "또 보자." 스위치를 누른다. 놀이공간에 있는 아동들이 "또 보자."라고 응답하자, 조이는 함박웃음을 지으며 어머니를 쳐다본다.

조이는 이웃의 아이들과 적절한 놀이 상호작용을 함으로써 접촉을 시도하는 방법을 배웠고 또한 보상을 받았다. 아울러 어머니를 비롯하여 팀원들은 조이의 유치원 진학에 대비하여 의사소통 체계에 추가해야 할 것들을 비공식적으로 파악하게 되었다. 이와 같은 의사소통 체계는 조이의 사회적 상호작용 능력을 확장하고 표현 어휘 사용을 증진시킬 것이다.

걸음마기의 영아는 한 살 이하의 영아와 다른 사회·정서적 행동을 배운다. 장애를 가진 걸음마기 영아는 비장애 영아와 다른 속도로 사회·정서적 행동을 학습한다. 걸음마기 영아의 사회·정서적 행동이 〈표 2〉에 정리되어 있다. 아동에게 새로운 사회적 과제를 제시하기 전에 먼저 아동의 사회적 행동적 발달의 현재 수준을 관찰하는 것이 중요하다.

걸음마기 영아가 평행놀이에서 상호보완적인 놀이로 발전해 가면서 또래 상호작용의 기초가 나타나기 시작한다. 이와 같은 행동은 영아의 상징놀이(가상놀이) 참여능력이 발달된 뒤에 순차적으로 나타난다(Howes, 1988). 상호보완적인 놀이는 주고받는 활동(give-and-take activities)과 차례로 주고받기(tun-taking)를 포함한다. 타인과 공유하기 위하여 아동이 자신의 요구를 억제하는 능력은 두 살 생일이 지나야 증대되기 시작한다. 걸음마기 영아가 상호적인 놀이에 참여는 하지만, 그 놀이는 보통 집단 내 1~2명의 아동 또는 친숙한 성인에게 국한된다. 아동이 주고받는 활동과 차례로 주고받기를 능숙하게 함으로써 좀 더 높은 수준의 사회적 놀이를 성취할 수 있을 때 사회적 숙달 동기가 드러난다.

샘은 36개월이고 지역사회의 유치원에 다니고 있으며 샘의 어머니는 지역의 빵집에서 일한다. 자폐성 장애를 가진 샘은 유치원에서 차례로 주고받기 또는 자신의 차례를 기다리기에 어려움을 보인다. 샘이 유치원에서 잘 적응할 수 있도록 돕는 전략을 의논하기 위하여 중재자는 유치원 교사와 상담을 하였다. 이들이 개발한 한 가지 아이디어는 차례로 주고받기에 관한 사회적 이야기책을 만드는 것이었다. 교사는 이야기 시간, 놀이터, 차와 트럭 영역(샘의 선호영역)에서 샘과 또래들이 차례로 주고받는 모습을 사진으로 찍었다. 샘의 어머니는 잠자리에서 샘에게 사회적 이야기책을 읽어 주고 샘이 동생과 이를 닦을 때 차례로 주고받는 연습을 하게 하였다.

〈표 2〉 사회·정서적 행동(걸음마기 영아)

연령	행동	행동 특성
12개월	숙달의 즐거움 나타내기	미소 짓거나 손뼉을 치면서 성취감을 표현한다.
	이야기 듣기를 즐기기	성인이 읽어 주거나 들려 주는 이야기에 귀 기울인다.
	성인의 칭찬에 반응하기	성인을 쳐다보고 말소리를 낸다.
18개월	소유를 표현하기	'내 것'이라는 표현을 자주 한다.
	평행놀이	또래 가까이에 앉고, 또래를 관찰하고 모방하기도 한다.

176

	자존감	권리를 주장하고 이름으로 자신을 지칭하고 떼를 쓴다.
24~30개월	공감 발달	다치거나 괴로워하는 또래를 보살핀다.
	공유 시작	가끔 장난감을 공유한다.
	간단한 규칙 준수	요청할 때 장난감을 정리한다.
	연합놀이	2~3명의 또래와 놀이한다.
36개월	협동놀이	집단놀이를 하고 극놀이를 시작한다.
	주고받기	가끔 주고받기 게임에 참여한다.
	공격성	때리거나 장난감을 뺏는다.

출처: K. E. Allen & L. R. Marotz (2003). *Developmental profiles: Pre-birth through twelve* (4th ed.) Albany, NY: Delmar; P. M. Blasco (1995). Understanding the emotional and behavioral development of young children: Birth to 3 years. In T. J. Zirpoli (Ed.), *Understanding and affecting the behavior of young children* (pp. 34-59). Englewood Cliffs, NJ: Prentice Hall: J. W. Gowen & J. B. Nebrig (2002). *Enhancing early emotional development: Guiding parents of young children*. Baltimore: Brookes.

사회적 숙달 동기를 지원하는 전략

사례의 샘은 사회적 이야기를 통해 차례를 지키는 법을 배웠다. 부모는 또한 사회적 이야기를 이용하여 샘이 또래에게 먼저 인사하도록 가르쳤다. 사회적 이야기는 주로 장애 아동에게 선택하기 기술과 사회적 문제해결 기술을 가르치는 데 사용되었다(Barry & Burlew, 2004). 사회적 이야기는 아동의 사회적 놀이능력을 비계화하는 도구로서 부모나 중재자가 개발할 수 있다(http://www.thegraycenter.org 참조).

일반적으로 장애 아동은 비장애 아동과 같은 방법으로 사회적 놀이를 배우지만 배우는 속도에 있어 차이가 있다. 게다가 장애 아동이 좀 더 높은 수준의 놀이를 학습하기 위해 노력하는 끈기에 있어서는 차이가 뚜렷하다(Blasco, 2001). 장애 아동이 좀 더 높은 수준의 사회적 상호적 놀이에 도달하기 위해서는 도움이 절실하다는 사실을 부모와 중재자는 반드시 고려해야 한다. 장애 아동이 센터 중심의 프로그램에 있다면, 중재자는 그 환경에서 가장 빈번하게 나타나는 놀이수준을 파악하기 위해 장애 아동뿐 아니라 또래들도 유심히 관찰해야 한다. 모든 아동이 혼자놀이와 같은 낮은 수준의 놀이를 한다면, 이야기 나누기 시간이나 간식 시간과 같은 일과 중에 공유의 기회를 제공한다. 평행놀이를 촉진하려면 놀이영역에 여러 세트의 장난감을 비치한다. 예를 들어, 모래놀이 상자에 체(sifter)를 두 개 두거나 주차장에 자동차를 두 대 비치하여 평행놀이를 촉진한다. 한 번에 2~3명의 아동이 놀이를 할 수 있는 기회를 조성하는 것도 하나의 전략이 된다. 어떤 중재자는 환경을 고밀도 영역(high-density areas)과 저밀도 영역(low-density areas)으로 명명하고 아동의 놀이를 적절하게 촉진한다.

좀 더 높은 수준의 놀이를 촉진하기 위하여 성인은 행동 시범을 보이고 또래 모델을 이용한다. 최근 연구에 의하면, 전반적 발달장애를 가진 아동은 어려운 놀이과제를 할 때 사회적 상호작용을 덜 하는 것으로 보고되었다(Pierce-Jordan & Lifter, 2005). 따라서 중재자가 장애 아동에게 새로운 사회적 과제학습을 시도하려면 먼저 장애 아동이 이미 숙달한 활동에서 시작하는 것이 바람직하다.

Brown, Odom, Conroy(2001)는 또래 사회적 상호작용을 촉진

하기 위하여 중재 위계(intervention hierarchy)가 있어야 한다고 주장하였다. 예를 들어, 자폐성 장애 아동이 또래 옆에 머물고, 놀이하고, 말하게 하려면 교사나 보조교사가 '짝 코치(buddy coach)' 역할을 하면서 집중적으로 지도하는 것이 필요할 수 있다. 위계는 중재에 대한 반응(response to intervention) 위계와 같은 방식으로 실시된다. 즉, 중재자가 덜 집중적인(less-intensive) 전략부터 시작하여 아동의 개별 요구에 적절할 때 좀 더 집중적인(more-intensive) 전략을 사용하는 것이다. 이렇게 함으로써 유아는 사회적 숙달 동기 시도를 더욱 성공적으로 할 수 있다.

결 론

사회적 숙달 동기는 유아기 및 정신건강 분야에서 중요한 개념으로 인식되고 있다. 사회적 숙달 동기는 사회적 유능감의 선행(precursor) 개념이다. 왜냐하면 아동이 사회적 과제를 계속해서 끈기 있게 할 수 있고 양육자가 사회적 경험을 비계화할 때 아동은 사회적 기술을 습득하게 되고 나아가 사회적 유능감을 성취하기 때문이다. 이야기책이나 사회적 이야기와 같은 도구를 이용하여 아동에게 사회적 기술을 가르치는 노력은 새로운 것이 아니다(Stanton-Chapman, Kaiser, & Wolery, 2006). 하지만 3세 이하의 아동에게 이 테크닉을 적용한 효과를 검증하는 연구는 많지 않다. 그러므로 3세 이하의 아동을 대상으로 연구가 계속되어야 하고 검증되어야 한다.

양육자의 비계화는 영아기부터 사회적 기술을 발달시키는 기회를 제공하며, 영아는 가장 편안한 양육자와 사회적 기술을 연습하는 기회를 가진다. 아울러 비계화는 아동이 자신의 행동을 인지하고 조정할 수 있도록 돕고 문제행동이나 부정적 행동을 피하도록 돕는다 (Butterfield, Martin, & Prairie, 2004). 반응적인 양육자는 문제 행동을 예견하여 아동이 적절한 사회적 해결책을 찾도록 돕는다. 비계화 전략을 양육자에게 제안할 때 문화적 관점 또한 고려해야 한다. 모든 문화에서 독립심이나 선택하기를 중요하게 여기는 것이 아니기 때문이다. 따라서 사회적 목표를 세울 때 부모와 가까이 접촉하면서 부모의 관점을 파악하고 이해하는 것이 중요하다(Barrera, Corso, & MacPherson, 2003). 사회·정서적 행동을 촉진하기 위해 비계를 제공함으로써 양육자는 사회적 숙달 동기와 궁극적인 사회적 유능감의 토대를 만든다.

주

교신저자: Patricia M. Blasco(blascop@ohsu.edu)

참고문헌

Bailey, D. B., McWilliam, R. A., Ware, W. B., & Burchinal, M. A. (1993). The social interactions of toddlers and preschoolers in same-age and mixed age groups. *Journal of Applied Developmental Psychology, 14*, 261-276.

Barrera, I., Corso, R. M., & MacPherson, D. (2003). *Skilled dialogue: Strategies for responding to cultural diversity in early childhood.* Baltimore: Brookes.

Barry, I. M., & Burlew, S. B. (2004). Using social stories to teach choice and play skills to children with autism. *Focus on Autism & Other Developmental Disability, 19*(1), 45-51.

Berk, I. E., & Winsler, A. (1995). *Scaffolding children's learning: Vygotsky and early childhood education.* Washington, DC: National Association of Education for Young Children.

Blasco, P. M. (2001). *Early intervention services for infant, toddlers, and their families.* Austin, TX: Pro-Ed.

Blasco, P. M., Bailey, D. B., & Burchinal, M. A. (1993). Dimensions of mastery in same-age and mixed-age integrated classrooms. *Early Childhood Research Quarterly, 8*, 193-206.

Blasco, P. M., Hrncir, E. J., & Blasco, P. (1990). The contributions of maternal involvement to mastery performance of infants with cerebral palsy. *Journal of Early Intervention, 14*, 161-174.

Boat, M. (1995). *Defining social mastery motivation in young children with or without disabilities.* Unpublished doctoral dissertation, University of Minnesota.

Brown, W. H., Odom, S. L., & Conroy, M. A. (2001). An intervention hierarchy for promoting young children's peer interactions in natural environments. *Topics in Early Childhood Special Education, 21*, 162-175.

Craig-Unkefer, L. A., & Kaiser, A. P. (2003). Increasing peer-directed social-communication skills of children enrolled in Head Start. *Journal of Early Intervention, 25*, 229-247.

Hauser-Cram, P. (1996). Mastery motivation in toddlers with developmental disabilities. *Child Development, 67*, 236-248.

Hauser-Cram, P. (1998). Research in review. I think I can, I think I can: Understanding and encouraging mastery motivation in young children. *Young Children, 53*(4), 67-71.

Howes, C. (1988). Peer interactions of young children. Monographs of the Society for Research in *Child Development, 53*(1), Series No. 217.

Hupp, S. C. (2000). *About social mastery motivation: Implications for educational practice.* Presented at the International Special Education Congress 2000, University of Manchester, Manchester, England.

Hupp, S. C., Boat, M. B., & Alpert, A. S. (1992). Impact of adult interaction on play behaviors and emotional response of preschoolers with developmental delays. *Education and Training in Mental Retardation, 27*, 145-152.

Hupp, S. C., Boat, M. B., Utke, R. J., & Conyers, S. (1995). *Observation of social mastery, revised.* Unpublished manuscript, University of Minnesota, Department of Educational Psychology.

Keilty, B., & Freund, M. (2004). Mastery motivation: A framework for considering the "how" of infant and toddler learning. *Young Exceptional Children, 8*(1), 2-10.

Kostelnik, M., Whiren, A., Soderman, A. K., Gregory, K., & Stein, L. C. (2002). *Guiding children's social development: Theory to practice* (4th ed.). Albany, NY: Delmar.

Landry, S. (2006). *Pathways to competence: Encouraging healthy social and emotional development in young children.* Baltimore: Brookes.

MacTurk, R. H., Hunter, F. T., McCarthy, M. E., Vietze, P. M., & McQuiston, S. (1985). Social mastery motivation in Down syndrome and non-delayed infants. *Topics in Early Childhood Special Education, 4*, 93-109.

Odom, S. L., McConnell, S. R., & Chandler, L. K. (1993). Acceptability and feasibility f classroom-based social interaction interventions for young children with disabilities. *Exceptional Children, 60*, 226-236.

Pierce-Jordan, S., & Lifter, K. (2005). Interaction of social and play behaviors in preschoolers with and without pervasive developmental disorders. *Topics in Early Childhood Special Education, 25*, 34-47.

Stanton-Chapman, T. L., Kaiser, A. P., & Wolery, M. (2006). Building social communication skills in Head Start children using storybooks: The effects of prompting on social interactions. *Journal of Early Intervention, 28*, 197-212.

White, R. W. (1959). Motivation reconsidered: The concept of competence. *Psychological Review, 66*, 297-333.

영아의 의사소통 증진과
언어학습기회

Dale Walker, Ph.D.,

Kathryn M. Bigelow, Ph.D., University of Kansas

Sanna Harjusola-Webb, Ph.D., Kent State University

의사소통 발달 문제가 영아의 사회적 기능과 인지적 기능에 미치는 영향은 명백하다(Warren & Walker, 2005). 영유아기의 의사소통 결함은 도미노 현상처럼 전체적인 발달에 영향을 미칠 수 있으며, 나중에 학습장애나 행동장애를 유발할 수 있고 초기 읽기 및 성취의 결함으로 이어질 수 있다(Aram & Hall, 1989; Fey, Catts, & Larrivee, 1995; Scarborough, Dobrich, & Hager, 1991; Whitehurst & Lonigan, 1998). 의사소통 발달이 지체된 아동은 사회적 상황에서 의사소통 기술을 적절하게 사용할 수 없기에, 공격적 행동 또는 문제 행동을 통해 의사소통할 가능성이 높으며(Hancock & Kaiser, 2006), 이로 인해 사회적 고립을 경험할 수 있다. 긍정적인 초기 언어학습기회를 가졌던 또래와 비교했을 때, 영아기에 다양하고 복잡한 어휘를 들을 기회가 별로 없거나 사회적 교환(social exchange)을 모방하고 연습할 기회가 적었던 영아는 3세가 되었을 때 어휘력이 훨씬 떨어지고(Hart & Risley, 1996, 1999), 학교에 입학

했을 때 문해력(literacy)과 학습준비기술이 많이 부족한 것으로 드러난다(Burchinal et al., 2000; Dodici, Draper, & Peterson, 2003; Snow, Tabors, & Dickinson, 2001; Walker, Greenwood, Hart, & Carta, 1994). 따라서 의사소통 발달의 지체는 유아가 사회적 발달 및 초기 문해력 관련 활동에 접근하고 참여하는 데 심각한 영향을 미칠 수 있다(Greenwood, Walker, & Utley, 2002; National Institute of Child Health and Human Development Child Care Research Network, 2000).

유아특수교사이자 통합 영아 프로그램(가정중심 프로그램과 기관 중심 프로그램을 함께 운영)의 교육과정 계획자인 타미는 영아기의 의사소통 발달의 중요성을 인지하고 있다. 제스처, 수화, 단어를 이용하여 의사소통을 시도할 수 있는 아동이 타인과 훨씬 더 많이 의사소통하고 성인이나 또래의 긍정적인 관심도 더 많이 받는다는 사실을 타미는 발견하였다. 이들은 자신의 요구를 전달할 수 있으므로 좌절하거나 불만스러워할 가능성이 훨씬 적었다. 그래서 타미는 학급의 아동들에게 제공되는 의사소통 학습기회를 강화하고자 하였다. 타미는 모든 환경과 일과 중 아동에게 제공될 의사소통 학습기회를 극대화하기 위하여 부모 및 교직원들과 함께 사용할 수 있는 테크닉을 찾아보기로 하였다. 타미는 효과적이면서 쉽게 습득할 수 있고 다양한 발달수준의 영아들에게 쉽게 적용할 수 있는 테크닉을 찾기 시작하였다.

의사소통을 촉진하는 중재 접근

장애 유아와 비장애 유아의 언어 및 초기문해(early literacy) 기술을 촉진하는 것으로 밝혀진 근거중심의 자연적 중재방법은 많이 있다. 이러한 중재 접근은 다양한 연령 및 발달수준의 아동이 가진 중재요구 및 다양한 중재자의 요구를 다룬다. 환경교수(milieu teaching)와 언어 이전 단계 환경교수(prelinguistic milieu teaching)는 Hart(1985)가 소개한 우연교수(incidental teaching) 절차를 확장한 것인데, 아동의 관심사를 따라가고 사회적 놀이일과를 형성하고, 시범과 같은 촉진을 사용하고, 질문하고 혹은 자연적 후속결과(예: 아동이 의사소통을 하면 원하는 물건을 제공한다)와 함께 시간지연을 사용한다(Kaiser, Hancock, & Nietfeld, 2000; Warren, Yoder, Gazdag, Kim, & Jones, 1993; Yoder & Warren, 2002). 반응적 상호작용은 아동의 의사소통 노력에 대해 성인이 반응적 행동을 하는 것이며 아동의 사회적 의사소통을 증진시키기 위해 성인이 설명하기(descriptive talk)를 사용한다(Kasier & Delaney, 2001; Tannock & Girolametto, 1992; Trent-Stainbrook, Kaiser, & Frey, 2007). 유아에게 반응적 상호작용 전략을 사용할 때 성인은 아동의 관심 또는 주도를 따라가거나 아동의 행동에 대해 반응한다. 반응하는 예를 든다면, 아동에게 의사소통하라고 질문하거나 요구하는 촉진을 사용하지 않고 지시적인 행동도 하지 않은 채 시범을 보이거나 아동의 말을 재차 진술하거나 확장하는 것이다.

이와 같은 접근이 유아의 의사소통을 증진시킨다는 고무적인 결과

는 여러 연구에서 밝혀졌는데, 구체적으로 부모와 유아의 의사소통
(Alpert & Kaiser, 1992; Bigelow, 2006; Peterson, Carta, & Greenwood,
2005) 및 교사와 유아의 의사소통(Goldstein & Kaczmarek, 1992;
Harjusola-Webb, 2006)을 향상시켰다. 이러한 접근은 책 읽기와 같은
활동에서 사용되었고(Cole, Maddox, & Lim, 2006; Lonigan &
Whitehurst, 1998), 사회적 상호작용에 대한 지원을 제공할 때도 이용
되었다(Craig-Unkefer & Kaiser, 2002; Sandall, Schwartz, & Joseph,
2001). 또한 이 같은 접근은 유아기 교육과정 및 중재 가이드에서 설
명되었고(Notari-Syverson, O'Connor, & Vadasy, 2007; Pretti-

Frontczak & Bricker, 2004; Sandall & Schwartz, 2002), DEC의 추천실제에도 포함되었다(Sandall, Hemmeter, Smith, & McLean, 2005).

이 같은 실제가 유아에게 미치는 이점을 지지하는 근거가 상당히 많음에도 불구하고 여전히 지역사회의 통합 유아교육 프로그램과 가정중심 프로그램에서의 사용빈도는 많지 않은 편이다(Gomez, Walls, & Baird, 2007; Roberts, Bailey, & Nychta, 1991; Schwartz, Carta, & Grant, 1996; Smith, Warren, Yoder, & Feurer, 2994; Walker, Harjusola-Webb, Small, Bigelow, & Kirk, 2005). 통합 어린이집에 대한 서술적 연구(descriptive study)에 의하면, 전반적으로 유아교사들은 아동의 관심사 따라가기, 말해 주기, 함께 책 읽기와 같은 의사소통 촉진 전략을 자주 사용하지 않는 것으로 드러났다. 그런데 교사가 이러한 전략을 사용하였을 때 영아들은 제스처나 단어를 이용하여 더 많이 의사소통하는 것으로 밝혀졌다(Walker et al., 2001). 지역사회의 유아기 프로그램을 임의로 두 집단으로 나누어, 실험집단은 의사소통을 촉진하는 중재 전략을 훈련하는 프로젝트에 참여하게 하고 또 다른 집단은 통제집단으로서 평소 교사들이 하던 방식으로 하게 하였다. 이후 두 집단을 비교하였을 때 의사소통 전략에 많이 노출된 실험집단 영아들과 그렇지 않은 통제집단의 영아들 간에 의사소통 수준의 차이가 발견되었다(Walker, Bigelow, Powell, & Mark, 2007; Walker, Harjusola-Webb, & Atwater, 2008). 의사소통을 촉진하기 위해 자연적인 교수전략을 사용했을 때 아동들은 언어 관련 결과에서의 향상을 모든 연구에서 보였다.

초기 언어, 문해력, 개인적 · 사회적 능력과 성공적인 관계 발달, 학교 준비도, 생활 관련 기술 사이의 연관성을 볼 때, 영아가 일상적으로 경험하는 가운데 긍정적인 언어 학습기회를 제공하는 것은 매우 중요하다. 뿐만 아니라 유아교사는 장애 유아와 위험군 유아에게 제공하는 초기 언어경험의 질을 높이기 위해 반드시 증거 기반의 전략을 이해하고 사용해야만 한다. 이 글에서는 유아교사, 조기중재자, 부모가 영아에게 일상적인 일과와 활동 속에서 언어학습 기회를 제공하기 위해 사용할 수 있는 여덟 가지의 기능적이며 증거 기반의 전략을 설명한다.

영아의 의사소통을 촉진하는 전략

다음 전략(〈표 1〉)은 언어 이전 단계 환경교수, 환경교수, 우연교수, 반응적 교수접근에서 파생된 전략으로서 유아기의 기관 중심 프로그램과 가정중심 프로그램에서 사용될 수 있다. 이 전략들은 유아교사, 부모, 그 외 양육자가 쉽게 사용할 수 있으며 특히 다양한 의사소통 요구를 가진 영아에게 적절하게 쓰인다. 이 글에서 소개되는 전략들은 여러 유아기 연구자들이 공동으로 개발한 지침서의 요약이다(Walker, Small, Bigelow, Kirk, & Harjusola-Webb, 2004).

이 언어촉진 전략들은 놀이, 식사, 책 읽기, 이야기 나누기 시간, 기저귀 가는 시간, 바깥놀이 등의 다양한 일과 및 활동 중에 쉽게 실시할 수 있는 것들이다. 전략들을 매일 일과 중에 일관적으로 사용하면 아동이 일과 속에서 예측을 하게 된다는 점에서 특히 유익하다. 아동이 기대하는 바를 알게 되면 일과에 적절한 방식으로 행동할 가능성이 높아진다. 매일 일과 중에 전략을 사용할 때 또 다른 이

점은 전략 자체가 일과의 일부가 된다는 점이다. 전략을 사용하는 교사, 양육자, 부모가 아동의 의사소통 시도에 반응적이 되어야 함은 필수적인 사항이다. 아동의 의사소통 시도를 듣지 않고 반응하지 않은 채 단순히 전략만을 사용하는 것은 전혀 도움이 되지 않는다. 성인이 전략을 사용할 때 반드시 아동과 차례로 주고받기를 하고 상호적인 상호작용을 해야 한다. 아울러 아동의 의사소통 및 상호작용을 발전시키려면 성인은 아동의 시도에 반응하고 상호작용 시 아동

<표 1> 의사소통 촉진 전략

전략	설명
환경 조정	의사소통을 촉진하기 위해 아동의 주위환경, 자료, 일과표를 조직한다.
아동 주도를 따르기	아동이 관심 가지는 것, 쳐다보는 것, 가지고 노는 것, 말하는 것을 유심히 살펴보고 아동의 흥미를 이용하여 의사소통 기회를 제공한다.
말하기와 명명하기	아동이 참여하는 활동이나 아동이 가지고 노는 장난감이나 자료를 명명하거나 설명한다.
모방하기와 확장하기	아동의 말소리나 단어를 반복하고 새로운 또는 좀 더 복잡한 정보를 제공한다.
개방형 질문 사용하기	'예/아니요' 외의 답변을 촉진하기 위하여 누가, 무엇을, 어디서, 어떻게, 왜라고 질문을 한다.
계획된 지연/ 공백 메우기	아동이 잘 알고 예측할 수 있는 표현, 노래, 말을 하는 중에 잠시 멈추고 기다리며 아동이 그 공백을 메우게 한다.
긍정적 관심 제공하기	아동이 말을 하거나 제스처 또는 단어를 사용하려 할 때 귀 기울이고 반응하여 의사소통을 더 많이 하도록 격려한다.
선택기회 제공하기	아동이 선택할 수 있도록 두 가지 이상의 선택사항을 제공한다.

의 주도를 따라야 한다. 그래야만 아동은 매일 의사소통을 경험하고 연습할 수 있는 자연적 반복기회를 갖게 된다.

1. 환경 조정하기

아동이 학습하는 환경은 교실이나 가정의 물리적 구조, 사회적 상호작용, 하루의 일정 등으로 구성된다. 물리적 환경을 조정하는 것은 몇 가지 전략을 포함한다. 교실이나 가정이 정돈되어 있으면 아동은 선호하는 장난감이나 자료를 쉽게 찾을 수 있다. 투명한 통 속에 자료를 정리해 두고 아동이 활동에 쉽게 접근할 수 있게 하면 아

동은 독립적으로 선택하고 선호하는 활동에 대해 의사소통할 수 있다. 자료가 담긴 투명한 통을 손이 닿기 어려운 곳에 비치하면 아동은 자료를 요청하기 위해 의사소통하게 된다. 아동의 사진은 물론이거니와 가족, 교사, 최근의 행사 사진 등을 아

동 눈높이의 벽에 붙여 두면 아동의 관심을 끌면서 아동이 사진 및 관련 주제에 대해 이야기할 수 있게 된다.

조용하게 책을 읽는 영역은 책 읽기와 책 활동을 촉진한다. 부드러운 의자와 쿠션을 여러 개 비치해 두면 아동이 스스로 책 활동을 시작할 수 있고 여러 명의 아동이 함께 책을 읽을 수도 있다. 아동이 쉽게 책에 접근할 수 있도록 책들을 정리해 두어야 한다. 아동이 혼자 또는 양육자와 함께 책을 보고 책과 상호작용하는 기회를 가지는 것은 바로 초기 문해 활동의 주요 선행활동이다. 함께 책을 읽는 활동을 할 때 양육자는 아동에게 똑바로 앉기나 끝까지 들을 것을 지나치게 요구하지 않도록 한다. 아동의 주도를 따라가면서 책 속에 나타나는 행동과 인물에 대해 말하고 아동이 페이지를 넘기게 하고 아동의 의사소통 시도에 반응하면 된다.

일상의 일과 그리고 활동 사이의 전이는 환경의 또 다른 측면이다. 하루의 일정을 벽에 붙여 두고 따르는 것은 하루의 전반적인 구성을 보여 줌으로써 아동이 어느 정도 예상하게 돕는다. 매일의 활동을 그림으로 제시해 주면 아동은 다가오는 활동을 기대하고 명명할 수 있다. 하루의 일정에 대해 이야기하는 것은 의사소통 기회 제공뿐 아니라 아동에게 무엇을 기대해야 하는지에 대해 상기시켜 주는 역할도 한다. 아침식사, 정리정돈, 착·탈의, 외출 등과 같은 예측 가능한 일과 활동에는 활동을 알리는 명확한 자극이 포함될 수 있다. 예를 들어, 정리정돈할 시간임을 알리기 위해 '정리정돈 노래'를 이용하는 것이다. 또한 활동 간의 전이는 많은 아동에게 힘든 시간이 될 수 있다. 다른 아동들이 기다리는 일이 발생하지 않도록 전이를 철저하게 계획하여야 문제를 예방할 수 있고 전이를 긍정적인 학습시간으로 만들 수 있다. 마지막으로, 책 읽기와 이야기 시간을 정규시간으로 만들고 가능한 한 매일 그 시간을 지키고, 책 활동을 할 수 있는 기회를 추가로 제공하고, 아동이 혼자 또는 집단으로 책을 보고자 하면 반응해 주는 것이 바로 아동의 의사소통을 지원하는 토대를 가정과 학급 환경에서 마련하는 것이다.

2. 아동 주도 따르기

이 전략은 두 가지 단계를 포함한다. 아동이 흥미를 보이는 것, 쳐다보는 것, 놀이하는 것 또는 말하는 것에 대해 주목하는 것이며 그 관심을 이용하여 의사소통 기회를 제공하는 것이다. 아동은 자신이 선택한 활동이나 물건에 훨씬 더 집중할 수 있다. 아동의 주도를 따라감으로써 아동이 활동에 대해 의사소통할 가능성이 더 많아진다. 아동의 활동과 아동이 현재 관심을 보이는 것에 주목하고 그 것에 대해 명명하고 설명하고 질문한다. 아동이 관심을 가지는 것에 대해 말할 때 이를 확장하거나 모방한다. 질문을 던지고 아동이 답하는 것에 응답한다. 아동의 흥미는 바뀔 수 있으므로 아동이 새로운 활동에 참여하도록 계속 아동의 주도를 따른다.

가끔 아동이 활동을 하지 않을 때가 있다. 이러한 상황이 발생했을 때, 아동이 과거에 관심을 보였던 활동 몇 가지를 제시하고 이 중 선택하게 한다. 아동이 선택한 활동을 하도록 아동의 주도를 따르고, 아동이 새로운 관심을 찾으면 그쪽으로 옮겨간다. 아동에게 선택기회를 제공하는 것은 아동에게 선택사항을 주는 것이기도 하지만 아동이 자신의 흥미를 표현할 수 있는 기회를 제공하는 것이기도 하다.

3. 말하기 및 명명하기

이 전략은 아동이 참여하는 활동과 아동이 놀이하는 장난감이나 자료에 대해 명명하거나 설명하는 것이다. 말하기와 명명하기는 아동이 주위환경 및 행동에 관해 들을 수 있는 기회를 제공하고 아동이 보고 있는 사물이나 행동에 대해 정확한 명칭을 가르치는 기회를 제공한다. 아동이 더 많은 단어를 듣고, 그 단어가 어떻게 사용되는지 듣고, 사람들이 어떻게 의사소통하는지 보게 되면, 아동은 자신의 요구를 전달하기 위해 제스처, 말소리, 단어 등을 더 많이 사용하게 될 것이다. 예를 들어, 양육자가 아동의 장난감, 자료, 행동을 명명한다면, 1세 아동에게는 "공"이라 하는 반면에, 2세 아동에게는 "공을 세게 쳤구나."라고 말하는 것이 더 적절하다. 기저귀를 갈 때, 신체부위를 명명하고 성인이 하고 있는 행동에 대해 설명할 수 있다. 예를 들어, 기저귀를 갈면서 성인은 "내가 네 발을 잡고 있어, 발가락 보이지? 기저귀를 뺄 거야, 자, 이제 새 기저귀야."라고 말한다. 책 활동을 하는 중 책 속의 그림에 대해 말하고 아동이 가리키는 사물을 명명하고 인물의 행동을 설명해 준다. 책을 읽으면서 아동에게 새로운 정보를 제공하고 아동의 관심에 반응해 준다. 이러한 전략을 사용하면서 아동의 주도를 따라가면 아동은 활동에 계속 흥미를 보이면서 참여하게 된다.

4. 모방하기와 확장하기

모방하기란 아동이 내는 소리나 말을 반복하는 것이고, 확장하기란 아동이 방금 한 말에 새롭고 조금 더 복잡한 정보를 추가하여 반복하는 것이다. 이 전략은 아동이 한 말을 성인이 들었고 이해하였음을 아동에게 확인시켜 준다는 점에서 중요하다. 예컨대, 아동의 어휘가 명확하지 않을 때 성인이 아동의 의도를 추정하여 올바른 어휘로 모방하면 아동은 정확한 발음을 듣게 된다. 확장하기는 새로운 정보를 가르치기에 효과적인 방법이다. 처음에 아동이 소리를 낼 때 성인이 모방하면 아동은 그 소리를 다시 모방한다. 조금 더 자라면, 아동이 한 단어 또는 단어에 근접한 소리(예: 과자를 '까까'라 부름)를 사용하는데, 이때 "과자 주세요."라고 확장할 수 있다. 확장하기는 새로운 단어나 개념을 알려 주는 추가적이면서 복잡한 정보를 제공하는 것이다. 아동이 식탁을 닦으면서 "내가 닦아."라고 말하면, 성인이 "그래, 식탁을 닦아."라고 확장할 수 있다.

5. 개방형 질문하기

아동이 단순히 '예/아니요'로 답하거나 고개를 끄덕이는 식이 아니라 다양한 방식으로 반응하게끔 질문하는 것이 개방형 질문이다. 개방형 질문은 무엇을, 누가, 어디서, 어떻게, 왜 등으로 시작되는 질문을 아동에게 던짐으로써 아동은 명확하면서 좀 더 긴 대화에 참여할 수 있다. 다른 전략과 마찬가지로 질문을 할 때도 아동의 관심사를 따르는 것이 중요하다. 아동은 자신의 현재 관심과 관련 없는 질문보다 자신이 이미 참여한 활동에 관한 질문에 훨씬 더 반응할 가능성이 높다.

아동이 현재 놀이하거나 하고 있는 것, 사용하고 있는 자료 혹은 아동의 일상적인 일과에 연관된 질문을 한다. 아동의 놀이나 활동에 관한 질문을 함으로써 아동은 활동을 유지할 수 있고 의사표현을 더 많이 할 수 있다. 예를 들어, 아동과 함께 하는 활동에서 아동에게 "우리가 무엇을 만들어야 하니?"라고 질문하면, 아동은 활동의 주도권을 잡을 수 있다. 아동에게 익숙한 책을 보면서 책 속의 그림, 등장인물, 인물의 행동 등에 대해 질문을 한다. 또한 아동이 예측해 볼 수 있는 질문을 던지는데, 예를 들면 "이 다음에 무슨 일이 일어날까?"라고 질문한다. 아동이 질문에 답을 하지 않으면 성인이 스스로 답을 하고 계속해서 아동이 흥미를 보이는 것에 대해 말해 주고 명명하고 모방하고 확장한다.

6. 계획된 지연과 공백 메우기

이 전략은 아동의 의사소통을 촉진할 것으로 예측되는 일과 중에 계획으로 지연방법을 삽입하는 것이다. 아동이 무엇을 기대해야 하는지를 알고 있고 공백을 채울 수 있는 활동(예: 노래)을 아동과 함께 할 때 이 전략이 사용된다. 예를 들어, '반짝 반짝 작은……'까지 부르고 성인이 잠시 멈추면 아동의 입에서 '별'이 나오는 것이다. 이 전략을 사용하면 아동은 자신이 알고 있는 것을 증명하게 되며 교정의 필요성을 최소화하면서 성공을 강조하게 된다. 이 전략은 또한 아동과 친숙한 책을 함께 볼 때 사용할 수 있다. 아동이 책 내용을 잘 알고 있고 주요 어휘를 알고 있다면 성인은 책 속의 표현을 읽다가 주요 어휘를 빠뜨리고 3~5초간 기다린다. 아동의 반응이 없으면 성인이 그 어휘를 말하고 계속해서 활동을 이어간다. 아동이 특정 반응을 보이느냐가 중요한 것이 아니라, 긍정적인 상호작용을 유지하는 것이 중요하다.

7. 긍정적 관심 제공하기

긍정적인 관심을 제공한다는 것은 아동이 소리를 내고 제스처나 어휘를 사용할 때 이에 주목하고 반응해 주는 것이다. 아동의 말에 귀를 기울이고 반응할 뿐 아니라 긍정적으로 말해 주고 칭찬하고 관심을 가지는 것은 아동에게 성인이 듣고 있음을 알려 주는 것이며 앞으로도 계속하여 의사소통을 시도하라고 격려하는 것이다. "네가 원하는 것을 말해 줘서 고마워."처럼 아동의 의사소통에 대해 긍정적으로 말해 줌으로써 아동은 연습 기회를 더 많이 가질 것이다. 이렇게 긍정적인 관심과 칭찬을 제공할 수 있는 기회는 하루 중 언제든 발생한다. '안 돼.' 혹은 '하지 마.'와 같은 금지는 아동의 의사소통 시도를 저해하고 언어 연습의 기회를 제한하게 된다. 책을 소리 내어 읽고 있는 아동이나 자신들의 활동에 관해 이야기 나누고 있는 아동집단의 눈높이에 맞추어 주의를 기울이는 성인은 아동의 의사소통 시도를 강화하고 있는 것이며 미래의 의사소통 시도 또한 격려하고 있는 것이다.

8. 선택기회 제공하기

아동이 선택할 수 있도록 두 가지 이상의 선택사항을 제공하는 것은 아동이 자신의 요구를 의사소통하게끔 촉진한다. 선택하기는 아동이 선호하는 것에 대해 표현함으로써 의사소통 연습기회를 갖는 것이다. 하루 중 장난감, 자료, 활동 등에서 선택의 기회는 무궁무진하다. 두 가지 예를 들면, "자동차와 동물 중 어느 것으로 놀고 싶어?", "바닥에서 책을 읽을까 아니면 의자에서?"이다. 더 어린 아동의 경우, 단순히 두 가지 장난감(예: 블록, 인형)을 들고 있으면 아동은 자신이 원하는 것을 향해 손으로 가리키거나 팔을 뻗을 것이다. 이렇게 함으로써 성인은 아동의 관심을 따라갈 수 있다. 아동에게 말로써 선택하라고 하면서 두 가지 시각적 선택을 제시하면 아동은 선택하기가 훨씬 용이해진다. 또한 선택제공은 문제행동을 줄일 수 있다. 정리정돈 시간에 "자동차와 블록 중 어느 것을 정리하고 싶어?"라고 묻는다. 아동이 과제를 완성하기를 거부하면, "혼자 할래, 아니면 도와줘?"라고 묻는다. 책 활동 시 아동이 여러 권의 책 중 원하는 것을 선택할 기회를 준다. 예컨대, 이야기 나누기 시간, 취침시간 또는 그 외 일과 중 읽고 싶은 책을 선택하게 하는데, 책장의 모든 책 중 선택하게 하기보다 두세 권 중 선택하게 한다.

전략 사용 계획하기

여덟 가지 의사소통 전략을 사용하는 방법은 융통성이 매우 많다. 각 아동과 상호작용을 할 때마다 모든 전략을 사용해야 하는 것은 아니다. 활동이나 아동에 따라 양육자가 사용할 수 있는 전략이 다를 수 있다. 이 모든 전략은 아동의 개별요구에 맞게끔 융통성 있게 사용되어야 한다. 아동이 특정 전략에 어떻게 반응하는지를 양육자가 알게 되면 이들은 계속해서 전략들을 사용한다. 어떤 양육자는 전략 중 몇 가지만을 다른 것들보다 더 많이 사용하기도 한다. 아동의 주도를 따르기, 말해 주기 및 명명하기, 개방형 질문하기 전략은 계획된 지연 전략보다 더 많이 사용되고 더 다양한 상황에서 사용될 가능성이 많다. 따라서 양육자는 모든 전략을 배워서 적절할 때 편하게 사용하기를 바란다. 어떤 양육자는 전략들의 목록을 만들어서 (〈표 1〉) 자주 볼 수 있는 공간에 붙여 두어 언제든지 아동의 의사소통을 촉진할 수 있는 기회에 사용한다.

타미는 의사소통 전략에 대해 읽어본 뒤 자신의 학급에서 실시하기에 어떤 전략이 가장 용이한지에 대해 생각해 보았다. 타미는 이 중 몇 가지 전략을 우선 실시해 보기로 결정하였다. 환경조정 전략을 사용하여 학급환경의 배치에 변화를 주고자 했으나 이러한 변화는 나중에 천천히 주기로 하고 우선 다른 전략을 먼저 사용해 보기로 하였다. 제일 먼저, 학급의 두 아동, 마르크스와 브리아나의 현재 의사소통 양식과 선호활동을 기술하기 위해 계획서식을 사용하였다. 그 다음에 이들의 선호활동 속에 전략들을 어떻게 적용할지에 대해 생각해 보고 떠오르는 아이디어를 목록으로 만들었다. 계획을 자신에게 상기시키기 위하여 전략들을 벽에 붙였다. 타미가 전략을 실시하기 시작하자 아동들은 이전보다 좀 더 자주 의사소통을 시도하는 것이 확인되었다. 게다가 전략 사용하기가 용이해지자 타미는 다른 아동들과도 여러 활동에서 전략을 사용해 보기로 하였다.

전략 실시하기

매일 하루 내내 모든 전략을 사용하려고 시도하는 것은 바람직하지 않다. 의사소통 촉진 지침서(Walker et al., 2004)에 기술된 전략 두세 가지를 선정하여 식사시간이나 아동과 놀이할 때 사용하는 것으로 시작하다가 차츰 익숙해지면 조금씩 늘려가는 것이 도움이 된다고 많은 양육자들이 말한다. 〈표 2〉는 전략의 일부를 사용할 계획을 세우는 양식이다. 의사소통 촉진 계획은 교사와 부모가 아동의 현재 의사소통 기술과 선호활동을 파악하는 데 도움을 준다. 이 정보를 바탕으로 팀원은 아동에게 시작할 전략과 전략이 사용될 활동을 결정한다. 또한 아동의 의사소통이 변하면 그 변화에 따라 계획을 변경하고 적절한 전략을 추가하기 위해 계획을 수정한다.

〈표 2〉 타미의 학급에서 의사소통을 촉진하는 계획

아동	현재의 의사소통	선호활동	사용할 전략
마르크스	손으로 가리킴	동물	동물놀이 시 아동의 관심사를 따른다.
	한 단어 어휘는 약간 사용	그림책	동물을 명명하고, 동물의 활동을 설명한다.
			하루 종일 아동의 손이 닿는 곳에 책을 비치한다.
			아동의 관심을 따라가면서 책 속의 그림에 대해 말해 주고 명명한다.
			아동의 한 단어 표현에 반응하고 모방한다.
브리아나	한 단어 어휘는 많이 사용	극놀이 분장	분장활동에 관해 개방형 질문을 한다.
	두 단어 어휘는 약간 사용	극놀이 분장	분장활동에 대해 정보를 제공함으로써 아동의 단어표현을 확장한다.
		점심/간식	음식, 컵, 접시를 명명한다.
			어디에서 먹을지, 무엇을 먹을지에 대해 선택하게 한다.

교사, 부모, 그 외 양육자가 자신의 전략 사용을 점검하기 위해 사용할 수 있는 도구는 의사소통 촉진 체크리스트([그림 1])다. 이 중재 충실도 체크리스트(Walker, Bigelow, Harjusola-Webb, Small, & Kirk, 2004)는 유아교사, 프로그램 관리자, 부모 등이 일상적인 일과 및 활동 속에서 자신이 얼마나 자주 전략을 사용하는지에 대해 평정

하는 것이다. 이 척도에 의하면, 놀이, 화장실, 이야기 나누기, 바깥 놀이 등의 시간에서 각 전략의 '자주 사용함(often)', '가끔 사용함(sometimes)', '거의 사용 않음(rarely)', '전혀 사용 않음(not today)'을 평정하게 한다. 이 양식에서 구체적인 관찰 시간은 없으므로 융통성 있게 사용하면 된다. 어떤 양육자는 하루 전체에 걸쳐 전략 사용을 평정하고, 어떤 이는 하루를 여러 활동으로 나누어 각 활동마다 전략 사용을 평정하기도 한다. 특정 시간을 정해 두고 전략사용을 기록하는 사람도 있고, 주어진 활동시간의 처음부터 끝까지 전략사용을 기록하는 사람도 있다. 어떻게 사용하든 일관성 있게 사용한다면, 여기에서 수집된 정보는 귀중한 피드백이 될 것이다. 체크리스트 평정이 완료되면 의사소통 전략이 얼마나 자주 사용되었는지에 대한 추정이 가능해진다. 아울러 체크리스트는 교사와 부모의 의사소통 촉진 노력을 지원하는 지침으로 사용될 수 있고, 아동의 의사소통 발달기회를 극대화하는 지침으로도 사용될 수 있다.

아동의 의사소통 진보 점검은 초기 의사소통 지표(개별 성장 및 발달 지표: Individual Growth & Development Indicator)와 같은 진보-점검 도구를 사용하여 실시할 수 있다(Carta et al., 2002; Kirk, 2006; Walker, Carta, Greenwood, & Buzhardt, 2008). 이렇게 반구조화된 놀이중심의 진보-점검 평가를 실시하여 결과를 그래프로 나타내어 중재를 점검하고 그 결과를 중재 관련 의사결정에 사용할 수 있다. 개별 성장 및 발달 지표에 관한 정보는 인터넷으로 확인할 수 있다(http://www.igdi.ku.edu). 체계적인 진보-점검은 언어중재의 주요 요소가 되는데, 특히 장애를 가진 영아에게는 더욱 그러하다. 교사나 그 외 유아기 전문가는 추가적인 중재 혹은 다른 중재가 필요한

양육자 :

날짜 :

관찰자 :

	자유놀이 (전혀 사용않음 / 가끔 사용함 / 자주 사용함)			화장실	식사 (전혀 사용않음 / 가끔 사용함 / 자주 사용함)			바깥놀이	외출 (전혀 사용않음 / 가끔 사용함 / 자주 사용함)			기타
아동의 주도를 따라가기 목표: 30분마다 0~20회 아동의 관심, 놀이, 말을 알아채고 따라갔다.	N R S O			N R S O	N R S O			N R S O	N R S O			
말해 주기 및 명명하기 목표: 30분마다 20~30회 행동, 장난감·활동을 설명해 주었다.	N R S O			N R S O	N R S O			N R S O	N R S O			
모방하기 및 확장하기 목표: 30분마다 5~15회 아동의 말을 모방하고 새로운 정보를 추가함으로써 확장했다.	N R S O			N R S O	N R S O			N R S O	N R S O			
질문하기 목표: 30분마다 15~25회 "무엇, 누가, 왜, 어떻게……" 개방적 질문을 했다.	N R S O			N R S O	N R S O			N R S O	N R S O			
지연/공백 메우기 목표: 30분마다 1~2회 노래/운율 표현에서 아동이 공백을 메우게 하였다.	N R S O			N R S O	N R S O			N R S O	N R S O			
긍정적 피드백/칭찬/관심·반응 사용하기 목표: 30분마다 5~10회 아동의 행동과 말에 긍정적으로 대했다.	N R S O			N R S O	N R S O			N R S O	N R S O			
선택제공하기 목표: 30분마다 1~5회 한 가지 이상의 활동 중 아동이 선택하도록 했다.	N R S O			N R S O	N R S O			N R S O	N R S O			

환경 조정 전략

	예	아니요	
책 및 책 활동 제공			비치된 자료
하루종일 아동이 쉽게 도서 또는 도서영역에 접근할 수 있게 함			비치된 자료 비치된 장난감, 자료

예 ☐ 아니요 ☐

비고 :

[그림 1] 교사, 프로그램 관리자, 부모의 의사소통 촉진 체크리스트

아동을 확인하기 위하여 특정 영역에서의 아동의 진보를 점검하며, 그 결과에 따라 교수 또는 중재 노력을 변화시킨다.

프로그램에서 의사소통 촉진전략 사용하기

이 글에서 검토된 의사소통 촉진 전략들은 유아기 프로그램과 가정의 일상적인 일과 및 활동에 쉽게 적용될 수 있으며, 다른 유아기 교육과정 및 중재와 함께 사용될 수 있고 진보-점검 도구와도 함께 사용될 수 있다. 자연적인 전략을 사용함으로써 영아에게 더 많은 의사소통 학습기회를 제공하게 되며 초기 의사소통 및 문해발달을 촉진하게 된다.

타미는 아동의 언어발달을 점검하고 교직원들이 의사소통 전략을 실제로 사용하는 것을 점검하기 위해 여러 가지 방법을 사용하였다. 타미가 센터 교직원 및 부모와 함께 언어 교육과정에 대해 토론할 때 자체 검사(self-check), 진보 점검, 아동목표 측정을 통해 수집된 정보는 유용하게 사용되었다. 센터 관리자, 교사들, 부모들은 아동들의 진보를 확인하고서 매우 고무되었으므로 타미는 가정방문자와 부모가 이 전략을 가정에서도 사용하는 방법을 자연스럽게 제안할 수 있었다. 중재 충실도 및 진보 점검을 계속적으로 측정해 나가는 새로운 시스템을 사용함으로써, 타미는 전략을 일관적으로 사용하고 아동이 의사소통 목표를 성취하는 것을 증명할 수 있는 자신감을 갖게 되었다.

주

교신저자: Dale Walker(walkerd@ku.edu)

참고문헌

Alpert, C. L., & Kaiser, A. P. (1992). Training parents as milieu language teachers. *Journal of Early Intervention, 16,* 31-52.

Aram, D., M., & Hall, N. E. (1989). Longitudinal follow-up of children with preschool communication disorders: Treatment implications. *School Psychology Review, 18,* 487-501.

Bigelow, K. M. (2006). *Communication promotion and planned activities with families experiencing multiple risks.* Doctoral dissertation, University of Kansas, Retrieved April 10, 2008, from ProQuest Digital Dissertations database(Publication No. AAT 3214822).

Burchinal, M. R., Roberts, J. E., Riggins, R., Jr., Zeisel, S. A., Neebe, E., & Bryant, D. (2000). Relating quality of center-based child care to early cognitive and language development longitudinally. *Child Development, 71,* 339-357.

Carta, J. J., Greenwood, C. R., Walker, D., Kaminski, R., Good, R., McConnell, S., & McEvoy, M. (2002). Individual growth and development indicators(IGDIs): Assessment that guides intervention for young children. In M. Ostrosky & E. Horn (Eds.), *Young Exceptional Children Monograph Series, No. 4, Assessment: Gathering meaningful information* (pp. 5-28). Longmont, CO: Sopris West.

Cole, K., Maddox, M., & Lim, Y. S. (2006). Language is the key:

Constructive interactions around books and play. In R. McCauley & M. E. Fey (Eds.), *Treatment of language disorders in children* (pp. 149-173). Baltimore: Brookes.

Craig-Unkefer, L. A., Kaiser, A. P. (2002). Improving the social communication skills of at-risk preschool chidlren in a play context. *Topics in Early Childhood Special Education, 22,* 3-13.

Dodici, B. J., Draper, D. C., & Peterson, C. A. (2003). Early parent-child interactions and early literacy development. *Topics in Early Childhood Special Education, 23,* 124-136.

Fey, M. E., Catts, H., & Larrivee, I. S. (1995). Preparing preschoolers for the academic and social challenges of school. In M. E. Fey, J. Windsor, & S. F. Warrent (Eds.), *Language intervention in preschool through the elementary years* (pp. 225-290). Baltimore: Brookes.

Goldstein, H., & Kaczmarek, L. (1992). Promoting communicative interaction among children in integrated intervention settings. In S. F. Warren & J. Reichle (Eds.), *Causes and effects in communication and language intervention* (pp. 81-111). Baltimore: Brookes.

Gomez, C. R., Walls, S., & Baird, S. (2007). On the same page: Seeing fidelity of intervention. *Young Exceptional Children, 10*(4), 20-29.

Greenwood, C. R., Walker, D., & Utley, C. A. (2002). Social-communicative skills and life achievements. In H. Goldstein, L. Kaczmarek, & K. M. English (Eds.), *Promoting social competence in children and youth with developmental disabilities* (Vol, 10, pp. 345-370). Baltimore: Brookes.

Hannock, T. B., & Kaiser, A. P. (2006). Enhanced milieu teaching. In R. McCauley & M. E. Fey (Eds.), *Treatment of language disorders in children* (pp. 203-236). Baltimore: Brookes.

Harjusola-Webb, S. M. (2006). The use of naturalistic communication intervention with young children who have developmental disabilities. (Doctoral dissertation, University of Kansas, 2006). *Dissertation Abstracts International, A 67/04*, 1290. (Publication No. AAT 3216284)

Hart, B. (1985). Naturalistic language training techniques. In S. F. Warren & A. K. Rogers-Warren (Eds.), *Teaching functional language*. Baltimore: Brookes.

Hart, B., Risley, T. R. (1995). *Meaningful differences in the everyday experience of young American children*. Baltimore: Brookes.

Hart, B., Risley, T. R. (1999). *The social world of children learning to talk*. Baltimore: Brookes.

Kaiser, A. P., & Delaney, E. M. (2001). Responsive conversations: Creating opportunities for naturalistic language teaching. In M. Ostrosky & S. Sandall (Eds.), *Young Exceptional Children Monograph Series, No. 3, Teaching strategies: What to do to support young children's development* (pp. 13-23). Longmont, CO: Sopris West.

Kaiser, A. P., Hancock, T. B., & Nietfeld, J. P. (2000). The effects of parent-implemented enhanced milieu teaching on the social communication of children who have autism [Special issue]. *Journal of Early Education and Development, 4*, 423-446.

Kirk, S. (2006). The effects of using outcome measures and progress monitoring to guide language-promoting interventions in Early Head Start Programs. (Doctoral dissertation, University of Kansas). *Dissertation Abstracts International, A 67/02*, 519.(Publication No. AAT 3207867)

Lonigan, C. J., & Whitehurst, G. J. (1998). Relative efficacy of parent and teacher involvement in a shared-reading intervention for preschool children from low-income backgrounds. *Early*

Childhood Research Quarterly, 13, 263-290.

National Institute for Child Health and Human Development Early Child Care Research Network. (2000). The relation of child care to cognitive and language development. *Child Development, 71,* 960-980.

Notari-Syverson, A., O'Connor, R., & Vadasy, P. F. (2007). *Ladders to literacy: A preschool activity book* (2nd ed.). Baltimore: Brookes.

Peterson, P., Carta, J. J., & Greenwood, C. R. (2005). Teaching enhanced milieu language teaching skills to parents in multiple risk families. *Journal of Early Intervention, 27,* 94-109.

Roberts, J. E., Baiely, D. B., & Nychta, H. B. (1991). Teachers' use of strategies to facilitate the communication of preschool children with disabilities. *Journal of Early Intervention, 15,* 358-376.

Pretti-Frontczak, K., & Bricker, D. (2004). *An activity-based approach to early intervention* (3rd ed.). Baltimore: Brookes.

Sandall, S., Hemmeter, M. L., Smith, B. J., & McLean, M. E. (2005). *DEC recommended practices: A comprehensive guide for practical application in early intervention/early childhood special education.* Longmont, CO: Sopirs West.

Sandall, S., & Schwartz, I. S. (2002). *Building blocks for teaching preschoolers with special needs.* Baltimore: Brookes.

Sandall, S., Schwartz, I. S., & Joseph, G. (2001). A building blocks model for effective instruction in inclusive early childhood settings. *Young Exceptional Children, 4*(3), 3-9.

Scarborough, H. S., Dobrich, W., & Hager, M. (1991). Preschool literacy experience and later reading achievement. *Journal of Learning Disabilities, 24,* 508-511.

Schwartz, I., Carta, J. J., & Grant, S. (1996). Examining the use of recommended language intervention practices in early childhood special education classrooms. *Topics in Early Childhood Special Education, 16*, 251-272.

Smith, J. D., Warren, S. F., Yoder, P. J., & Feurer, I. (2004). Teachers' use of naturalistic communication intervention practices. *Journal of Early Intervention, 27*, 1-14.

Snow, C. E., Tabors, P. O., & Dickinson, D. K. (2001). Language development in the preschool years. In D. K. Dickinson & P. O. Tabors (Eds.), *Beginning literacy with language*(pp. 1-23). Baltimore: Brookes.

Tannock, R., & Girolametto, L. (1992). Reassessing parent-focused language intervention programs. In S. F. Warren & J. Reichle (Eds.), *Causes and effects in communication and language intervention* (pp. 49-76). Baltimore: Brookes.

Trent-Stainbrook, A., Kaiser, A. P., & Fey, J. R. (2007). Older siblings' use of responsive interaction strategies and effects on their younger siblings with Down syndrome. *Journal of Early Intervention, 29*, 273-286.

Walker, D., Bigelow, K., Harjusola-Webb, S., Small, C., & Kirk, S. (2004). *Promoting communication strategies checklists: Fidelity, program and home.* Lawrence: University of Kansas, Schiefelbusch Institute for Life Span Studies, Jupiter Gardens Children's Project.

Walker, D., Bigelow, K., Powell, J., & Mark, N. C. (2007, October). *Fidelity and dosage of communication strategies used by child care educators.* Symposium presented at the Division for Early Childhood International Conference, Niagara Falls, Ontario, Canada.

Walker, D., Carta, J. J., Greenwood, C. R., & Buzhardt, J. F. (2008). The use of individual growth and developmental indicators for progress monitoring and intervention decision making in early education. *Exceptionality, 16*, 33-47.

Walker, D., Greenwood, C. R., Hart, B., & Carta, J. J. (1994). Improving the prediction of early school academic outcomes using socioeconomic status and early language production. *Child Development, 65*, 606-621.

Walker, D., Harjusola-Webb, S., & Atwater, J. B. (2008, February). *Using measurement of intervention fidelity and child communication outcomes to increase early educator's use of strategies to promote communication of infants and toddlers.* Poster presented at the Conference for Research Innovation in Early Intervention, San Diego, CA.

Walker, D., Harjusola-Webb, S., Small, C., Bigelow, K., & Kirk, S. M. (2005). Forming research partnerships to promote communication of infants and young children in child care. In E. Horn, M. Ostrosky, & H, Jones (Eds.), *Young Exceptional Children Monograph Series, No. 6, Interdisciplinary teams* (pp. 69-81). Longmont, CO: Sopris West.

Walker, D., Linebarger, D. L., Bigelow, K., Kirk, S., & Harjusola-Webb, S., Small, C. J., Rodrigues, D. et al. (2001, April). *Language interactions related to quality of infant childcare.* Poster presented at the Biennial Meeting for the Society for Research in Child Development, Monneapolis, MN.

Walker, D., Small, C., Bigelow, K., Kirk, S., & Harjusola-Webb, S. (2004). *Strategies for promoting communication and language of infants and toddlers manual.* Lawrence: University of Kansas, Schiefelbusch Institute for Life Span Studies, Jupiter Gardens Children's Project.

Warren, S. F., & Walker, D. (2005). Fostering early communication and language development. In D. M. Teti (Ed.), *Handbook of research methods in developmental science* (pp. 249-270). Malden, MA: Blackwell Publishing.

Warren, S. F., Yoder, P. J., Gazdag, G. E., Kim, K., & Jones, H. A. (1993). Facilitating prelinguistic communication skills in young children with developmental delays. *Journal of Special and Hearing Research, 36,* 83-97.

Whitehurst, G. J., & Lonigan, C. J. (1998). Child development and emergent literacy. *Child Development, 69,* 848-872.

Yoder, P. J., & Warren, S. F. (2002). Effects of prelinguistic milieu teaching and parent responsivity education on dyads involving children with intellectual disabilities. *Journal of Speech, Language, and Hearing Research, 44,* 224-237.

영유아와 가족을 위한 중재의 성과 측정에 관한 자원

책무성이란 영유아와 가족에게 제공하는 효과적인 중재의 핵심요소다. 유아기 서비스 제공자, 프로그램, 기관은 자신이 제공하는 서비스와 지원이 아동과 가족에게 어떤 변화를 일으키는지에 대해 증명할 수 있어야 한다. 여기서는 아동과 가족의 성과 측정에 관련된 주요 개념과 실제를 설명하는 자원을 소개한다.

Anne Brager, M.S., R.N.
Frederick County Infants and Toddlers Program, Frederick, MD
Camille Catlett, M.A.,
University of North Carolina at Chapel Hill

성명서(position statements)

▶ 장애 아동의 긍정적 성과 촉진: 교육과정, 진단평가, 프로그램 평가를 위한 추천(Promoting Positive Outcomes for Children with Disabilities: Recommendations for Curriculum, Assessment, and Program Evaluation)

A. H. Widerstrom

이 보고서는 특수아동협회 유아교육분과에서 개발된 것으로서 2003년 일반유아교육협회와 교육부 유아교육 전문가협회의 보고서 (유아기 교육과정, 진단평가, 프로그램 평가: 0~8세 아동 프로그램의 효

과적이며 책임이 있는 체계)(http://www.naeyc.org/about/positions/
pdf/CAPEexpand.pdf)와 함께 동반 출간된 보고서다.

http://www.dec-sped.org/pdf/positionpapers/Prmtg_Pos_
Outcomes_Companion_Paper.pdf

측정

▶ 프로그램 평가 평정 도구(Program Assessment Rating Tool: PART)

프로그램 평가 평정 도구는 설문지로서, 프로그램의 관리 및 수행
을 평가하기 위한 것이다. 프로그램의 목적, 설계, 계획, 관리, 결과,
책무성 등을 평가하여 프로그램의 전반적인 효과를 알아본다. 관련
사이트에서 연방정부의 모든 프로그램의 수행에 대한 결과를 확인
할 수 있다.

http://www.whitehouse.gov/omb/expectmore/part.html(설문지)
http://www.whitehouse.gov/omb/part(연방정부 프로그램의 수행
결과)

출판물

▶ Hebbeler, K., & Barton, L.(2007). The need for data on child
and family outcomes at the federal and state levels. *Young*

Exceptional Children Monograph Series, 9, 1-15.

이 글에서는 현재 Part C와 Part B를 통해 서비스를 제공받는 아동 및 가족의 성과 보고에 대한 현행 연방정부의 요구조항에 관한 사건 및 이슈를 설명한다. 현행 요구조항과 관련 있는 사건들을 요약하여 제공한다. 주정부 단위의 측정 체계를 만들고 실시하는 것, 그리고 아동, 가족, 프로그램의 성과 측정의 함의가 이어진다.

웹 자료

▶ 유아기의 책무성: 쉬운 답은 없다(Accountability in Early Childhood: No Easy Answers)

헤르 아동연구센터와 에릭슨 사회정책기관에서 발간된 논문에서 저자 Samuel J. Meisels는 위험도가 높은 유아용 검사에 대한 실제적인 문제를 논의한다.

http://72.32.138.202/downloads/cmsFile.ashx?VersionID=1785& PropertyID=78

▶ 책무성 체계: 유아의 결과 향상(Accountability Systems: Improving Results for Young Children)

이 보고서에서는 효과적인 책무성 체계의 주요 원칙을 제시하고,

유아 프로그램의 책무성 체계를 개발하는 기본적인 단계를 설명하고, 이와 같은 체계 설계에 따른 상호보완점을 논의한다. 또한 주정부 체계와 지역 체계의 예시를 보여 준다.

http://www.financeprojects.org/Publications/accountability.pdf

▶ 장애 유아 프로그램 평가 및 책무성(Assessment and Accountability for Programs Serving Young Children with Disabilities)

Kathleen Hebbeler, Lauren R. Barton, Sangeeta Mallik의 논문으로서 성과 데이터를 제공하기 위한 평가 시의 이슈를 점검하고, 책무성 목적의 타당한 평가 실시에 관한 어려움을 논의하고, 성과를 측정하기 위한 설계 및 실시 관련하여 주정부 차원에서 결정해야 할 사항의 개요를 제시하였다.

http://www.fpg.unc.edu/~eco/pdfs/Assessment_Accountability_6-27-07_.pdf

▶ 아동 및 가족의 성과(Child and Family Outcomes)

유아기 보조공학센터에서 정기적으로 갱신하는 웹사이트로서 여기에서는 아동 및 가족의 성과 관련 법적 요구사항을 설명하고 자원, 예시, 도구 등을 제공한다.

http://www.nectac.org/topics/quality/childfam.asp

▶ 유아기 성과 센터[Early Childhood Outcomes(ECO) Center]

미국 교육부의 재정적 지원을 받는 유아기 성과 센터는 장애 영유아 및 가족의 성과 측정에 관한 연구, 계발, 실시를 지원한다. 이 사이트에는 측정 및 책무성 체계와 관련하여 다운받을 수 있는 자료가 많다. 예를 들어, 활동 및 성과를 클릭하고, 다시 Q&A를 클릭하면 자주 묻는 질문들에 대한 답변이 요약되어 있다.

http://www.fpg.unc.edu/~eco

▶ 결과중심의 의사결정 실시하기: 현장의 조언(Implementing Results-Based Decision-Making: Advice From the Field)

이 보고서는 현장의 지도자 50명 이상을 대상으로 이들이 아동과 가족의 성과를 어떻게 측정하였는지에 대해 인터뷰한 내용으로서 성공적인 측정에 관한 조언을 담고 있다. 결과중심 의사결정의 다양한 측면을 담고 있는데, 예를 들어 전략과 성과를 논리적으로 연결하는 전략적 계획을 설명한다.

http://www.fpg.unc.edu/~eco/pdfs/1999WELFAREBARRIERS.pdf

▶ 주 차원의 책무성 체계 설계의 문제점(Issues in Designing State Accountability Systems)

Gloria Harbin, Beth Rous, Mary McLean이 작성한 보고서로서 정확한 데이터를 창출해 낼 수 있는 엄격하고 체계적인 책무성 모델을 함께 설계하고 실시하는 데 관심을 가진 주정부 정책입안자와 연구자들을 지원하기 위해 작성된 문건이다. 연방정부 보고 요구조항에 관한 배경 정보가 포함되었다.

http://www.ihdi.uky.edu/Sparc/Issues_in_Accountability.pdf

▶ 파티 합류: 이해당사자의 참여(Join the Party: Engaging Stakeholders)

Larry Edelman이 작성한 보고서로, 팀원들이 당사자로서 참여하는 것을 독려하는 데 유용한 도구, 작업지, 차트 등을 제공하고 팀원들의 변화과정에 지침이 되는 내용을 담고 있다.

http://www.fpg.unc.edu/~eco/pdfs/EdelmanJoinParty.pdf

▶ 유아교육 성과에 관한 연구 매트릭스(Matrix of Research on Early Childhood Education Outcomes)

공공정책 포럼에서 최근 개발한 유아교육 연구 매트릭스로서, 여러 연구 간의 성과를 비교한다. 전반적으로 질적으로 우수한 유아기

프로그램과 여러 영역에서의 장기적인 이점 사이에 분명한 연결이
있음을 알 수 있다.

http://www.publicpolicyforum.org/Matrix.htm

▶ 국립 특수교육 책무성 점검 센터(National Center for Special
Education Accountability Monitoring: NCSEAM)

NCSEAM은 교육부의 재정지원을 받는 센터로서, 장애 아동 및
가족이 더 나은 결과를 성취할 수 있도록 연방정부의 법률을 준수하
면서 점검 및 근거중심의 의사결정이 만들어지도록 지원하는 기관
이다. 이 사이트에서는 가족 성과 측정에 관한 자원을 얻을 수 있고
점검에 유용한 자료를 다운받을 수 있다.

http://www.monitongcenter.Isuhsc.edu/

▶ 성과 101: 유아기 성과 센터 질의응답(Outcomes 101: ECO Center Q&A's)

유아기 성과 센터에서 제공하는 부분인데, 아동 및 가족의 성과
측정과정에 대해 자주 묻는 질문과 그에 대한 답변을 제공한다.

http://www.fpg.unc.edu/~eco/pdfs/ECO_Outcomes101_print_v
ersion.pdf

편저자 소개

Carla A. Peterson, Ph.D.
Iowa state University

Lise Fox, Ph.D.
University of South Florida

Patricia M. Blasco, Ph.D.
Oregon Health and Science University

역자 소개

김진희(Kim Jin-Hee)
University of Illinois, Urbana-Champaign 특수교육과
　졸업(Ph.D.)
현) 인제대학교 특수교육과 교수

〈주요 저서〉
특수아동 교육의 실제(공저, 교육과학사, 2005)
정신지체아 교육(공저, 양서원, 2002)

김건희(Kim Kun-Hee)
Syracuse University 특수교육과 졸업(Ph.D.)
현) 대구대학교 유아특수교육과 교수

〈주요 논문〉
자폐를 가진 유아의 의사소통 능력의 평가
　(특수교육재활과학연구, 49(1), 2010)
Constructing Views on Students Labeled with Auitsm in
　Inclusive Classroom Settings
　(특수교육저널: 이론과 실천, 10(2), 2009)

특별한 영유아
모노그래프 시리즈 10호

조기중재의 실제와 성과
Early Intervention for Infants and Toddlers and Their Families:
Practices and Outcomes

2014년 4월 1일 1판 1쇄 인쇄
2014년 4월 10일 1판 1쇄 발행

엮은이 • Carla A. Peterson · Lise Fox · Patricia M. Blasco
옮긴이 • 김진희 · 김건희
펴낸이 • 김진환
펴낸곳 • (주)**학지사**
　　　　121-838 서울시 마포구 양화로 15길 20 마인드월드빌딩
대표전화 • 02-330-5114　　팩스 • 02-324-2345
등록번호 • 제313-2006-000265호

홈페이지 • http://www.hakjisa.co.kr
커뮤니티 • http://cafe.naver.com/hakjisa

ISBN 978-89-997-0361-4 94370
　　　978-89-6330-432-8 (set)

Korean Translation Copyright © 2014 by Hakjisa Publisher, Inc.

정가 11,000원

인터넷 학술논문 원문 서비스 **뉴논문** www.newnonmun.com

이 도서의 국립중앙도서관 출판시도서목록(CIP)은 서지정보유통지원
시스템 홈페이지(http://seoji.nl.go.kr)와 국가자료공동목록시스템
(http://www.nl.go.kr/kolisnet)에서 이용하실 수 있습니다.
(CIP 제어번호: CIP2014009981)